人力大咖好评如潮　倾力推荐

最近，公众热议“996 工作制”，殊不知“卖力拉磨”作为一种员工号召，或者职场精神是可以的，但远不是事业成功的充分条件。因为那样的话，你无法解释为什么“治大国如烹小鲜”，这其中精湛的技艺绝不是“996 工作制”能够企及的。从这个意义上来讲，职场技能的磨砺，就是更高层面的工匠技能和心灵感召。

诚如此著。

——宝能物流集团投资中心总经理兼西部区域总经理　张旭

Amy 的新书《完美管理 7 思维》总结了职场发展的七种思维，角度新颖，具有鲜明的时代特征。书中有丰富的案例，可读性非常强。我相信，不仅初级管理者，职场老将也会从中受到启发，收获满满。

——德勤咨询原合伙人　吴胜涛

思维改变了我们看待并体验这个世界的方式。人类的进步很多来自思维的变化和升华，VUCA 时代是拥有与众不同思维的人的绝好时机，改变思维才能改变行动，改变行动才能改变结果。本书是作者通过与大量一线优秀市场管理者交流总结获得的思考，值得一读。

——美菜网人力资源副总裁　纪绍国

此书一入眼就从名称与目录上打动了我——“七种思维”，让我的脑海中马上闪现出古龙名著《七种武器》。

“思路决定出路”，“七种思维”正是“七种武器”。作者 Amy 从最底层的思维逻辑出发，通过具有代表性的案例分析，深入浅出地讲解了如何应用这七种神奇的“武器”。

世界上没有什么比习惯更专制的，尤其是思维习惯。人真正的能力是发挥自己能力的能力，否则再大的天赋也等于废材。怀才不遇的人应该怪己，而非埋怨别人或社会，要想突破自我、升级打怪，就必须跟自己较劲，从思维上彻底改变自我，才能真正改变现状和未来，实现并超越自我。《完美管理 7 思维》是一本好书！感谢 Amy 的倾情奉献！期待更多《完美管理 7 思维》精彩课程的分享！

——牧家科技创始人兼 CEO　何萧

在职场任职不是游戏，没有机会重来一次。《完美管理 7 思维》带来的不仅是七种管理者的思维，七个贴近生活的故事，更是七局变幻莫测的棋盘，七次截然不同的人生选择。

所以我相信，这本书中的经验与教训一定会帮助你避开雷区，引导你成为一位善治善能，别出手眼的管理者。

——联东 U 谷华北区总经理　李强

这个时代的管理者所面临的挑战，不再是依靠经验或者某种工具就能跨越的，需要的是管理者不断地在思维的深度与广度上下功夫。

《完美管理 7 思维》这本书和课程设计结合了大量职场案例分析，用深入浅出的语言总结了七种管理者最应具备的思维，为渴望有所建树的管理者指明了方向。

——PIMC 领导力研究院领导力教练　杜雯婷

《完美管理 7 思维》的作者 **Amy** 虽然不是大咖，但书中专业、翔实的数据和调研实践，可以让我们从另一个角度结合自身实际，有一些新的思考和解决方案。大咖的方法总能给我们提供一些参考，而这种专业级的建议才能给我们真正的指导。

——红麦总经理　江燕

管理是一件动态的事情，遇到的人、事、市场、时机……都会随时发生变化，这个变化导致的心态变化，会让管理者阶段性地陷入情绪低谷、公关危机或者管理瓶颈。在这个时候，如何顺利过渡并且获得自我提升，就成为每个中高层管理者进阶的重要阶梯。

《完美管理 7 思维》是一盏能够在我们的职业生涯面临重大抉择时给予明确指导的明灯，无数经典案例百炼成钢，你我他都可以从中看到曾经的、现在的以及未来的自己。**Amy** 以十余年沉淀，厚积薄发将之化为绕指柔，帮助我们能够在残酷的职场中被温柔以待，每一次转身都能成为更好的自己。

——中国铁建房地产集团西南公司西派国樾营销总监　杨俊眉

《完美管理 7 思维》是第一本真正意义上对于我的工作有帮助的书，它将管理的七种思维描述得非常清楚。读这本书是一个享受，听 **Amy** 团队“完美管理 7 思维”课程更是一种享受，语言精准生动，大量案例来源于真实职场。所以，不论是读书，还是听课，都受益匪浅。

——江苏华朋律师事务所主任、一级律师　蒋敏

献给在路上曾经彷徨、坚持奋斗的管理者，

让思维之光照亮我们的征途。

完美职场系列 ②

完美管理7思维

7 MINDSETS TO BECOME A PERFECT LEADER

蒋巧林·著

中国经济出版社
CHINA ECONOMIC PUBLISHING HOUSE
·北京·

图书在版编目（CIP）数据

完美管理 7 思维/蒋巧林著.
—北京：中国经济出版社，2019.6
ISBN 978-7-5136-5701-3
Ⅰ.①完… Ⅱ.①蒋… Ⅲ.①管理学 Ⅳ.①C93
中国版本图书馆 CIP 数据核字（2019）第 086234 号

策划编辑　崔姜薇
责任编辑　葛　晶
责任印制　马小宾
封面设计　任燕飞装帧设计工作室

出版发行　中国经济出版社
印 刷 者　北京科信印刷有限公司
经 销 者　各地新华书店
开　　本　710mm×1000mm　1/16
插　　页　0.25
印　　张　13
字　　数　155 千字
版　　次　2019 年 6 月第 1 版
印　　次　2019 年 6 月第 1 次
定　　价　49.80 元
广告经营许可证　京西工商广字第 8179 号

中国经济出版社 **网址** www.economyph.com **社址** 北京市西城区百万庄北街 3 号 **邮编** 100037

本版图书如存在印装质量问题，请与本社发行中心联系调换（联系电话：010-68330607）

自序 PREFACE

Amy 写给所有管理者的一封信

亲爱的管理者们：

当清晨的第一缕阳光照进房间时，也照亮了我们睡意蒙眬的脸庞和期待倾听美好声音的耳朵。2019 年真的来了，我们已然可以听见它的“心跳”。

作为一位管理咨询工作者，一家创业公司的管理者，我深深地感受到了市场的冰火两重天。正如从《西虹市首富》带来的狂欢，到《我不是药神》呈现的残酷这种冰火两重天的感觉一样，资本的嗜血和人性的贪婪已经让一些企业疲于奔跑，而忘掉了初心，它们拔苗助长，使得企业前景面目全非；与此同时，资本的助推和人性的光芒也让另一些企业获得了快速发展的动力，它们茁壮成长，企业前景一片明朗。

那么，在这样的时代，身处职场的我们以及那些正在前行和奋斗的管理者们都经历了什么呢？有喜悦，也一定有忧伤；有成功，也一定有失败；有欢呼雀跃地升职加薪，抑或拿到梦寐以求的 offer；也有垂头丧气，抑或义愤填膺、如梦惊醒地听到“你明天不用来上班”的消息。每一位管理者只是汪洋大海中的一滴海水，但却是每一个家庭的顶梁柱，被家人视为珍宝。他们在狂风呼啸的海上乘风破浪，但真实的人生体验如人饮水，冷暖自知。

猎头市场的冷热是经济形势的晴雨表。堆积成山的中高管候选人简历一度让我们非常焦虑，他们过往的背景都可圈可点，却“待字闺中”，作为人力资源领域的专业人士，我们能为这些候选人做点什么呢？这是我们团队几乎天天讨论的问题，因为一来这关乎我们公司的业绩和发展，二来这也关乎候选人未来的发展。但是坦白地讲，我们能做的非常有限，只能尽力服务好每一位候选人和每一位客户，抓住每一个能让他们发光发热的机会。

事实上，多数候选人的表现比我们想象的更加坚强，更加镇静，也更加从容。在和数以千计的管理者交流的过程中我们深切地感受到，他们中的大多数人都能够从思维上不断地进行自我驱动式的升级，所以优秀的人之所以优秀还是有道理的。

2018 年，我将自己多年来从各个公司、各个层面、各个维度看到的、听到的、感受到的管理者案例以及一些心得整理出来，从而有了这本《完美管理 7 思维》，我想把其中的内容分享给所有的管理者和未来有志成为管理者的朋友们。如果说 Amy 的第一本畅销书《完美跳槽》（已输出国外版权）中的 158 个跳槽锦囊能够助力职场人士完美跳槽，那么 Amy 希望，这本书中对七种管理思维抽丝剥茧式地解析，能够助力职场人士升职进阶，成为完美管理者。

Amy 的一位朋友杜雯婷是知名的领导力教练，她经常说的一句话是：“这个时代的管理者面临的挑战不再是依靠经验或者某种工具就能跨越的，需要的是管理者不断在思维的广度与深度上下功夫。”Amy 和她的思考不谋而合。所以，这也成为本书倡导的核心价值观。

世界各地优秀的管理者如汗牛充栋，Amy 的书只能起到抛砖引玉的作用，期待更多优秀管理者的优秀作品。如果您就是优秀管理者本人，拿起笔来别犹豫，把您的经历、感悟写下来，分享给大家，非常期待读到您的作品。

当然，作为一位管理者，Amy 深感奋斗路上有喜悦，也有挣扎。我经常在加班结束时看窗外的万家灯火——夜晚，灯光能照亮每一条街道，每一座大楼，每一个角落，是否能照亮每一位路人的脸庞？这首多年前写的小诗反复萦绕在心间。《完美管理 7 思维》并不完美，但它是我用爱、真诚和初心不改的力量写就的，希望它能够成为正在奋斗路上前行的管理者的一盏路灯，哪怕只有微光，用微光吸引微光，用微光照亮微光，最终照亮前进的道路，这也是 Amy 莫大的荣幸。

在新年来临之际，我要衷心感谢给我温暖、给我力量、给我勇气的金牌团队——中国经济出版社的崔姜薇老师——一位才貌双全的金牌编辑，和兰质蕙心的葛晶老师；我亲爱的指挥官——身为大学教授，琴棋书画样样精通的、最宠爱我的爸爸蒋先生，以及善良、美丽、厨艺了得的妈妈“蒋师母”；疼我爱我的小平哥哥，勇敢、坚强又热爱思考的魔方王子 Ivan，善良体贴的江湾 C 罗江潇，以及书中人物原型之一——风度翩翩的陆大侠。还有关心爱护我的亲朋好友和读者朋友们，有你们真好。

同时，还要感谢给予北京扬士盛邦管理咨询公司支持和鼓励的所有客户、候选人和朋友，你们为本书贡献了大量宝贵的内容资源。

最后，Amy 将一首小诗《完美》送给所有管理者和有志成为管理者的朋友们。

完　美

细雨绣帘珠，伞下淡淡空。

丝丝情意在，旧梦湿新红。

遥想风光尽头，不过江南烟雨，翩翩舞惊鸿。

知音花中语，水光月似弓。

一万里，暖风净，情独钟。

扬鞭起，红尘自有追梦人。

莫言刀光剑影，侠意不忘江湖，芳草湿流光。

只道浩然气，心平脚生风。

蒋巧林 Amy

2018 年 12 月 30 日清晨

目录 CONTENTS

完美管理 7 思维第 1 课　权变思维

本部分重点：对于管理者和企业而言，没有哪一种管理方式是“最好的”，只有“最适合的”。管理者的任务就在于因人、因时、因地制宜，能够做到“一把钥匙开一把锁”，针对不同的被管理者和不同的环境，采取相应的管理方式。

完美管理 7 思维第 2 课　个人品牌思维

本部分重点：在这样一个竞争激烈的时代，个体的价值被认可比什么都重要，只有建立起具有鲜明个性的个人品牌，并让大家真正理解，才能拥有事业持续发展的驱动力。同时，管理者需要重塑自我的勇气和行动力，让个人品牌常青。

完美管理7思维第3课 跨界思维

本部分重点：未来已来！未来无界！拥有跨界思维的人才已然成为人才市场的抢手货。运用跨界思维时要遵循以下三个原则：核心竞争力一定要稳；跨界方向一定要准；对待自己一定要狠。

完美管理7思维第4课 迭代思维

本部分重点：管理者需要不断更新自己、改良自己，让自己不断迭代，才有可能不被竞争激烈的职场淘汰。同时，管理者必须树立正确的前进方向，加上强大的执行力，才能发挥迭代思维的最大价值。

完美管理7思维第5课 融合思维

本部分重点：领导力行为的基础就是推行融合思维模式——勇于在不确定性中胜出。能否让融合过程呈现出最佳效果，考验的是管理者能否将自身的思维模式和业务特点，从里到外、从自身到产业链，进行完整的兼容并包。

完美管理7思维

第1课 权变思维

本部分重点：对于管理者和企业而言，没有哪一种管理方式是“最好的”，只有“最适合的”。管理者的任务就在于因人、因时、因地制宜，能够做到“一把钥匙开一把锁”，针对不同的被管理者和不同的环境，采取相应的管理方式。

新任“空降兵”管理者就职不顺利的七个问题（企业管理者视角）

▼

▽

公司管理者难招的核心原因是留不住管理者，主要问题出在企业身上，需要企业深刻检讨和反思。事实上，大多数企业确实在如何让管理者顺利入职这个命题上缺乏系统的管理和科学的方法。2017 年 5 月的《哈佛商业评论》中的一篇文章《让新任高管就职顺利》（On-boarding Isn't Enough）就提到，在一项全球调查中，198 名人力资源高管评估了其组织的上岗指导措施，他们中的大多数人认为，公司在新任高管入职时的基本情况介绍、法律和程序性手续方面都做得不错；只有约半数的人认为，公司在促进新任高管和团队建立关系方面获得了成效；只有不到三分之一的人认为，其公司积极地帮助新任高管适应企业文化和政治氛围。

Amy 和 Angela 通过分析工作中遇到的真实案例总结新任管理者就职不顺利的七个常见原因，和大家一起共勉。

△ 权变思维问题一：企业疏于给“空降兵”支持，盲目追求“优胜劣汰”。

Amy 曾经指导过的一家企业，在扩张期大量招聘管理者的同时又大量淘汰管理者，他们很少给管理者人员提供实际的支持，放任他们自由生长。这家企业的逻辑是能适应我们企业的自然留下，不能适应的自然淘汰。这是机会主义倾向。几年以后，这家企业在市场上的口碑越来越差，陷入裁员—招聘—再裁员—再招聘的恶性循环，很多优秀的管理者候选人在接到这家企业的邀请或者猎头公司的推荐时都是一口回绝。

有视野力、有追求、有原则的管理者人员都会看长期发展，短期利益不会成为他们关注的重点。由于人才战略的失误，企业招聘到的多数管理者人员都看重短期利益，同时偏好机会主义，人员流动性非常大，这成为这家企业发展的瓶颈。

企业管理学强调员工是企业的资产。在 Amy 看来，管理者是企业的重要资产。重要的事情说三遍：重要资产！重要资产！重要资产！每一位企业管理者（以下简称“空降兵”）的到任都是企业重要的一次“资产重组”（资产重组是指企业资产的拥有者、控制者与企业外部的经济主体进行的，对企业资产的分布状态进行重新组合、调整、配置的过程，或对设在企业资产上的权利进行重新配置的过程），所以需要引起企业方以及每一位管理者人员的高度重视。一纸合同只是企业方和“空降兵”的书面契约，真正让企业方和“空降兵”形成“心理契约”需要科学地、系统地、持续地给“空降兵”以辅导和支持，要把“空降兵”从单纯的利益共同体发展成为事业共同体，甚至是命运共同体。

企业方重视的具体表现是，首先要在“空降兵”就职前和就职后不断造势。Amy 曾经服务过的一家资产过千亿元的 K 集团高管 James 在引进一位异地并购项目高管 Eriks 时的具体做法值得借鉴。

首先，在 Eriks 入职前的空档期邀请他一起研讨全年工作重点、难点问题及解决方案和实施办法，并制定全年工作计划和运营战略。

其次，集团有重要会议和活动也邀请 Eriks 参加，这样做有以下几点好处：

第一，可以全面熟悉集团各方领导，包括跨部门、跨领域领导的结识，跨部门、跨领域业务的体验和熟悉。

第二，可以让 Eriks 对集团的环境和文化有一个直观的认识和感知，消除他对公司的陌生感。

第三，James 润物细无声地关心 Eriks 的家庭情况。得知 Eriks 长期异地工作时，主动提出让 Eriks 自行选择理想的住房，租房费用全部报销，而且保证他定期回家探亲，报销往返机票，这些承诺会在劳动合同里面一一注明。

第四，在“空降兵”入职前的空档期定期与其保持良好的互动，一起吃吃饭、喝喝茶，了解其近况，询问入职手续进展，保持良好的沟通温度。James 每个月至少和 Eriks 见两次面，每周至少会通一次电话。有时，他也会邀请 Eriks 参加同事们的聚餐，让大家有更多交流，增进感情。

第五，在“空降兵”即将接手的团队中，找适当时机有节奏、有目的地为其造势。造势的关键点有四个，即为什么要引进“空降兵”？“空降兵”为什么能胜任该职位？将“空降兵”任职的消息告知哪些人比较合适？何时何地以何种方式告知最合适？造势的核心目的是突出“空降兵”的专业能力和过往突出业绩等，并强调其与整个团队的价值互补。

James 选择在集团的半年总结会上宣布，一位曾就职于 500 强企业，在某专业领域服务多年且业绩斐然的高管即将加盟企业，同时在项目公司高管对其简历提出质疑时，第一时间给出了清晰的解释和反馈。

第六，“空降兵”在原来企业的离职过程中遇到任何问题都要及时提供建议和帮助。比如，低调有策略地进行背景调查，“空降兵”无法在既定入职时间入职时，与人力资源部门沟通将入职日期适当延后。

当James得知Eriks的入职时间必须延后时，他及时地向集团解释情况，给Eriks争取了更加宽裕的入职时间，并要求Eriks在处理原来企业工作之余，积极做好他要求的一切准备功课。准备功课的细节诸如就职后重要的三件事的具体实施方案。

第七，给“空降兵”打预防针。James并没有将Eriks就职后的蓝图规划得特别美好，而是多次和Eriks强调任重道远，需要大家携手去迎接挑战。告诉他集团几个关键人物做人做事的风格，并总结了一套跟他们进行有效沟通的方法。James还特别指出了可能会出现冲突和纷争的结点以及潜在的反对者，细心嘱咐Eriks就职后不要轻易触碰。

第八，给予Eriks强有力的信心，告诉他这个项目一定能做成，自己通过大量的数据分析已经胸有成竹，会毫无保留地支持和辅导他，成为他背后全方位的支持者。因为他坚信，只要心存善念，一心为公，时时刻刻做正确的事，就会问心无愧。在Amy看来，Eriks幸运地遇见了一位好教练，后来Eriks的平稳落地和良性发展也证明了这一点。

▲ 权变思维对策一：高度重视和全力支持“空降兵”就职。

为“空降兵”创造有利的就职环境，包括软环境和硬环境。让“空降兵”系统了解公司的组织架构和重要的业务领域及利益相关方。同时，不断对“空降兵”进行情感投资，切忌表面文章。“重要资产”不仅需要物理保养，还需要带有美好情感体验的化学保养。

真心换真心才是王道！

△ 权变思维问题二：支持系统仅限于行政系统的支持，经常让“空降兵”孤立无援。

“空降兵”入职的第一年遇到的巨大挑战不仅有如何确保业绩的完成，还有如何快速融入企业文化。如何让“空降兵”迅速融入企业文化是一个需要企业长期思考的课题。我们还是以 James 的成功案例来进行探讨。

在 Eriks 入职前，James 就为他配备了一支持顾问团队，团队成员包括 James 本人，以及与他志趣相投的两位下属，一位是他不久前亲自招的“空降兵”中层 Sunny，另一位是乐于分享且人缘很好的中层老员工 Jerry。James 在 Eriks 入职时就告诉他有任何问题可以随时和他或者两位下属沟通商量，而且在 Eriks 入职的第一个月，他甚至在并购公司驻场，全力协助和辅导 Eriks，希望他能够顺利入职。由于 Eriks 之前出身外企，之前就职的是一家混合所有制企业，与现在这家私有制企业有很多不同，尤其是为人处世上，所以 James 多次提醒 Eriks 要把握好工作节奏，多关注人际关系的和谐，对任何事情不要急于做决策和快速推进。重要的事情说三遍：做人大于做事！做人大于做事！做人大于做事！

团队中的 Sunny 和 Jerry 也各有分工。空降的中层 Sunny 主要协助 Eriks 实现新业务的战略落地，并对接新的外部关键合作客户及重要利益合作方，进行基于新业务战略实施的关键对话和合作推进。新业务表面上风平浪静，实际在稳步推进，只待综合评估成熟，就可以破土而出。在这个过程中，老员工 Jerry 则充当 Eriks 的企业活词典，他在团队中起到了非常关键的作用。

第一，由于 Jerry 人缘好，与跨部门的同事的交流和沟通都非常顺畅，使得他们在提供数据和材料时都非常配合。这些数据和材料让Eriks对整个团队的发展历史、成员背景和特点、过往的业绩、绩效管理以及财务状况都有了非常深入地了解和掌握。

第二，Jerry与Eriks分享了企业有形和无形的文化资产、非正式组织关系的构成名单、各种文化形成的前世今生，以及目前公司能够接受的行为的边界和行为背后的价值观和规范。

第三，最关键的是，Jerry给Eriks提供了三张有价值的组织架构图——目前公司的组织架构图、公司内外部重要利益方的组织架构图、可影响人群的组织架构图。对于初来乍到需要团结一切可以团结力量的“空降兵”来说，可影响人群组织架构图能够让他们知晓哪些人是可以争取过来的，要通过领导力和影响力积极争取。

第四，Jerry会在各种会议上和活动上配合Eriks。比如，有些观点明明是Eriks事先想好的，但是在会上要从Jerry口中说出，这就是做局。为了实现各种突破，我们需要在不同场合、不同时间做不同的局，结果都是为了确立Eriks的权威地位。

▲ 权变思维对策二：打造“空降兵”顾问团队。

我们引进“空降兵”的根本目的是让他快速融入企业文化，获得成长，最终引领企业前进，而不是让他因为各方的不信任、不理解而灰心丧气，最终选择默默离开。“空降兵”的直接领导的亲力亲为非常重要，他是顾问团队最强有力的支持者。在民营企业中，老板和人力资源总监是顾问团队成员的最佳人选，需要不遗余力地付出。每个企业的情况不同，顾问团队的设置也有所区别，但关键的一点是，顾问团队成员一定要熟稔企业文化并乐于分享。

△ 权变思维问题三：部分企业不给“空降兵”适当的试错机会。

对“空降兵”有力的支持是给他们最大限度的耐心、包容以及换位思考。入职新企业不久，对新环境的陌生、对新企业文化的不了解、对新同事的不熟悉，使得“空降兵”会犯一些小错误，这是人之常情，很多企业方都能理解。但实事是，很对企业对于这种情况的容忍度几乎为零，最重要的原因就是老板或者高层轻易听信流言蜚语。一些事情明明是“空降兵”无心所为，却被不怀好意的同事添油加醋地在老板或其他高层面前大谈特谈，而且经常上升到对企业忠诚度以及个人价值观的高度，曲解“空降兵”的初衷。老板或是其他管理者人员一开始可能并没有特别在意大家对“空降兵”的这些评价，但是在多次听到“空降兵”的失误时，他们也就开始了对“空降兵”的印象管理（印象管理，又称印象整饰，是指人们试图管理和控制他人对自己所形成的印象的过程。符号互动论强调参与社会互动的人要站在他人的角色立场去了解如何看待自己，这可以使人们有效地控制自己的社会行为，从而使别人感到满意）。老板和管理者对“空降兵”产生了负面印象，对于“空降兵”本身就是危机。如果这些流言蜚语背后是某个元老或者某几个元老的合谋，那么老板对“空降兵”的误解就会深入骨髓。

人性是非常复杂的，办公室政治是异常残酷的。刚入职的“空降兵”的信任基础仅限于面试时的一面之缘，而元老的信任基础来源于几年甚至几十年的朝夕相处和共同奋斗。清华大学管理学教授宁向东经常提到一句话：“管理要洞悉人性。”作为企业的老板或者高层们，在听到对“空降兵”的负面评价时一定要冷静、客观，要换位思考，要读懂元老们言语背后的深层次含义。这些深层次含义可能是不安全感在作祟，要排除异己，嫉贤妒能，而更深层次的含义可能就是他们在利用这种方式表达对现状的不满，这就需要老板智慧地安抚，给予语言上和行动上的积极辅导。或许直截了当地回应这些负面声音也不失为一种明智之举。

James 是一位诚实正直的领导，在听到谈论 Eriks 的负面声音时说过这么一番话："他初来乍到，犯点错误在所难免，他也跟我表态说这次失误是因为不熟悉企业的决策机制，下次不会犯类似的错误，当然这里也有我的责任，没有清楚地告知他相关的细节。我想，我们应该看大方向、大格局，给 Eriks 时间适应，同时多一些耐心，帮助他尽快成长。"

▲ 权变思维对策三：给予"空降兵"充分的信任和合理的试错机会，扫除"空降兵"稳步前行的障碍。

大多数老板都是能够通过冷静、客观的分析看清事情真相的，只是因为忙碌疏忽了对"空降兵"的关心。那么，当老板意识到了这些问题的存在时，应当及时给予"空降兵"鼓励和保护，同时，对那些对"空降兵"不怀好意的反对者要开诚布公地跟他们进行沟通，让他们以大局为重，团结起来，实现共赢。老板们这些看似微小的举动，实则是给"空降兵"打了一剂强心针，让他们内心的小宇宙得以爆发，从而给企业带来源源不断的生机和活力。

△ 权变思维问题四：企业方对"空降兵"的绩效考核过于苛刻，没有适当的过渡期。

企业制定绩效考核标准一定要遵循科学化、系统化、人性化的原则。大多数企业都认识到，短期内要给"空降兵"相对宽松的考核环境，才有利于他们的“存活”，但是仍有一些企业总是盲目追求所有员工考核标准的一致性。面对这种考核机制，偶尔会有几位“空降兵”依靠连续几天加班加点透支身体的方式，或者凭运气侥幸过关，但是大多数“空降兵”都止步于高压的非人性化、非科学的绩效考核机制面前，短则两三个月，长则半年，这些“空降兵”就会选择放弃。如此貌似公平的绩效考核机制让站在企业门外的合格候选人闻之心惊胆战，纷纷另谋出路。

我们来看看 James 及企业是如何科学制定 Eriks 的绩效考核指标的。在 Eriks 加盟之前，企业人力资源部就组织团队成员详尽地分析了市场数据，预判未来一年的市场情况，同时认真听取 James 的个人观点和有建设性的建议。在科学地提炼了针对 Eriks 的绩效考核指标后，又选择合适的时机与 James 充分沟通，反复推演、反复求证、反复碰撞，在得到 James 的认同后，才推进绩效沟通管理工作。与此同时，James 也不断给人力资源部创造学习机会，让他们更加熟悉公司的业务流程和运营模式。

▲ 权变思维对策四：让绩效考核为企业服务。

有一部分企业因为过于追求绩效考核的短期效果，或者简单粗暴地用考核代替管理，再或者设计过于复杂的考核体系，而非科学的考核方式，最后沦为绩效考核的“奴隶”。绩效考核的核心目的之一是人员激励，而不是让所有人员都疲于应付考核。人力资源专家李宏飞在《职业化——21 世纪第一竞争力》一书中提出了一个关于绩效考核的新观点：绩效考核是计算企业的合力的过程。通过一定的手段衡量出哪些因素推动企业发展，哪些因素制约企业发展。从而找到平衡点，以达到企业和谐发展的目的。

△ 权变思维问题五：企业缺乏创新意识。具体来讲，就是没有给“空降兵”提供赖以生长的创新土壤。

在新媒体时代，创新几乎成为每一家企业面临的课题，它也已然成为企业发展的主旋律。包括行业巨头在内的很多企业都因为墨守成规的管理模式而消亡，它们的经历值得我们警惕，也告诉我们，那些迫切需要引进“空降兵”的企业，其真实需求是面对市场的新趋势需要及时转型和创新。

多数企业引进“空降兵”的原因是认为他们从各方面都跟原有团队成员有互补性。原有团队成员因为长期在一个行业、一个公司内发展，视野、思维都比较统一，具有局限性，而且他们过于依赖以前的成功经验，缺乏转型和创新需要的核心素质、专业技能、激情和动力。而“空降兵”是企业方从人才市场中大浪淘沙、精挑细选的精兵强将，他们拥有帮助企业方科学、客观审视市场的全局化、战略化、系统化的新视角，能够通过不同行业的经验积累沉淀新思路、新视野、新战术，推动企业良性发展，成为创新和转型的“新动力”。当然，“空降兵”的想法和行动必然会和企业的文化、机制、系统产生冲突和矛盾，也必然会出现各种失误。这种情况下，如果企业总是抓住“空降兵”的失误不放，看不到他们的做法给企业带来的长远收益，其结果就是把企业的创新扼杀在摇篮中。

Eriks 在就职不久也遇到了同样的难题。由于新业务的市场不明朗，新老团队成员对市场的预判有明显分歧。老团队成员认为要加大存量投资，新建工厂扩大产能是最保险的；新团队成员认为要加大增量投资，通过投资并购全球高端产品线和自主研发新产品来实现业绩增长，盲目扩大产能会增加企业的负债。Eriks 没有当即表态，只是鼓励大家充分发表意见，并在会后形成书面材料递交给他。

在 Eriks 和 James 私底下的讨论中，James 送了 Eriks 一句话："用数据说话。" Eriks 心领神会，并做了三件事：第一件事是跟财务部负责人进行沟通，让财务部负责人和人力资源部负责人收集扩厂的财务数据及人力资源数据，并进行详尽的数据分析和测算，形成报告。第二件事是跟投资并购部负责人沟通，对投资市场情况进行预判和分析，形成当年的投资报告。第三件事是他对两个报告进行了科学、系统、客观地数据分析和总结，形成了一份有理有据的报告递交给了董事会。

董事会在看到报告上对比鲜明的数据分析和精准、系统的趋势分析后，一致通过投资增量的报告。James 也在董事会中建议新产品团队的组建由 Eriks 全权负责，同时提出，投资并购部的团队需要扩容，要引进有国际化视野的人才来，董事会欣然同意。

▲ 权变思维对策五：企业要给"空降兵"赋能授权。

赋能授权的意思就是赋予他们更多额外的权力。从逻辑上来说，这样做意味着企业在追求整体利益的同时，给予员工更多参与决策的权力。赋能授权是为了消除妨碍员工更有效工作的种种障碍，其出发点是企业由上而下地释放权力，尤其是员工自主工作的权力。创新的重要来源是人才的创新，人才创新的重要来源是人才管理的创新。创新的时机稍纵即逝，在使命愿景价值观认同的前提下，大胆赋能授权于"空降兵"，让他们不断创新，不断创造新能量，是企业生机勃勃发展的源泉。

△ 权变思维问题六：企业过度重视管理金融资本，轻视人力资本，尤其是"空降兵"人力资本。

经济学家保罗·克鲁格曼有一个著名的论断："生产率不能代表一

切，但长期来看，它差不多就是一切。”显然，所有提供生产率的方式都要由人力资源来实现。人力资本比物质、货币等硬资本具有更大的增值空间，特别是在当今后工业时期和知识经济初期，人力资本有着更大的增值潜力，因为它作为“活资本”，具有创新性、创造性，具有有效配置资源、调整企业发展战略等市场应变能力（摘自百度百科）。在《时间、人才、精力》一书中，作者迈克尔·曼金斯和埃里克·加顿发现，那些真正严格管理人力资本的企业，生产率较其他公司平均高40%。这些公司受组织阻力较小，在吸引、配置和领导人才方面更有效，能更加充分地利用人才的独特技能。

首先，James是一位特别重视人力资本的领导。在所并购企业的人才引进上，James不仅组织集团人力资源部为所并购企业的人才设计市场竞争力明显的薪酬福利体系，同时特别关注所并购企业人力资源部的优化。James在几次和人力资源部的沟通过程中发现，HRD思维保守，对人力资源现代化管理的工具和手段了解乏善可陈，而且缺乏进取心和激情，他很快意识到，HRD思想和行动的局限性会抑制企业的良性发展。

于是，果断提出要尽快招聘更为专业的HRD。当然，这个过程会遇到很多阻力，比如，高层领导说情，强调HRD是老人，在企业服务了很多年，没有功劳，也有苦劳，等他退休以后再换新人，或者找一位副手辅佐他工作等。但一切阻力和障碍都被James智慧地消除了，因为他始终秉承着一个理念：一切从企业的效益出发，无论是谁，只要阻碍企业发展，就要做出让步，让步的方式方法可以商量。比如，和专业的人力资源咨询公司进行合作，请人力资源专业人士给人力资源部门员工定期培训等。在James看来，企业要想寻求发展，不能坐等员工自发成长，要使用外力推动员工不断成长。

其次，James在HRD招聘上有独到的见解。他重点关注HRD候选人的三个方面：第一，是否对业务敏感，是否乐于深入了解业务，即是否有业务思维；第二，是否熟悉人力成本的战略把控，是否对数据敏感，能主动了解和分析公司的人力、财务数据，是否有多种股权期权激励方案设计的经验，是否热衷于投资股票，即具有财务思维；第三，在有阻力的情况下，是否能将各种激励方案推进，并顺利落地，是否有直面复杂人际关系的勇气和解决方案，即具有抗压思维。

同时，James通过多年对职场的观察发现，糟糕的雇佣决定的代价非常高昂，所以他总是尽可能做好面试的过程管理。在面试中特别仔细，精心准备问题，关注每一个候选人表现出来的细节，会用几个小时甚至更长时间和感兴趣的候选人进行深入沟通。面试后会和团队核心成员反复讨论，做SWOT分析，深思熟虑后再启动后续招聘流程。

没错，Amy曾经在《停止花钱，开始管理：改变习惯的方法》一书中看到一张"为人力问题定价"的图片，糟糕的雇佣决定在"平均每天浪费的美元的排列表"上居然高居第一，令人颇为意外。

最后，James会和第三方合作公司密切配合，有机合作。James把猎头公司、人力资源咨询公司等第三方合作公司当作外部合伙人一样合作。平等、尊重、诚信、正直的态度体现在合作的每一个细节中。

在Amy和James合作过的高管招聘中，虽然困难重重，挑战巨大，但是由于James耐心的辅导和细心的分享，以及及时有效的配合，大大缩短了招聘进程，降低了招聘成本，提高了合作效率，实现了共赢。"空降兵"的招聘成本是很高的，控制人力成本要从源头做起。

▲ 权变思维对策六：专业严格地管理人力资本，尤其是““空降兵”的人力资本。

后工业时代，人力资本成为企业竞争优势的核心来源。“空降兵”是团队的新成员，他们的选育用留每个环节都需要认真专业的管理。在Amy看来，选是最关键的！在选前做好充足准备，对企业需要的人才要打造胜任力模型（胜任力模型，就是个体为完成某项工作、达成某一绩效目标应具备的不同素质要素的组合，分为内在动机、知识技能、自我形象与社会角色特征等。这些行为和技能必须是可衡量、可观察、可指导的，并对员工的个人绩效以及企业的成功产生关键影响）。要充分利用企业的内部推荐渠道和外部第三方猎头公司等有效且专业的招聘渠道加速招聘进程，同时，和内外部招聘团队形成联盟，形成合力，形成有效的配合机制，最终实现精准招聘。

△ 权变思维问题七：企业领导只能听进顺从他意见的声音，听不进反对意见，尤其是“空降兵”提出的反对意见。

研究显示，手握权力的领导者更不容易听进别人的反对意见，这种现象在企业中屡见不鲜。领导尤其是高层领导，如CEO，由于他们过于强调个人权威，有很强的危机感，就会导致情绪反复无常，造成下属碍于权威无法和他们正常沟通的情况。他们人为地为自己设置了一个无形的封闭圈，听到的都是“对对对、是是是”的顺从声，听不进正确的反对意见，特别是“空降兵”从市场上带来的新视角、新思维、新创意。长此以往，就会造成企业发展停滞不前，路越走越窄。那么，领导应该如何走出自设的怪圈呢？

James在企业管理过程中也遇到过同样的问题。因为James是一位敢于直言的领导，所以，当他主导一个并购 X 公司的项目后一段时间，大家就发现，对于所有的决策几乎都是他说什么就是什么，很少有人提出反对意见，即使有人发表了自己的意见，也是顺着他的想法继续深入，或者仅仅是换了一种方式表达而已。James 马上意识到 X 公司遇到了企业文化危机，于是决心要引导大家改变现状。

首先，他精心选出几位刻意的“团队反对者”，特别是“空降兵”高管，因为他们有很多新想法，也善于沟通表达，授意他们在会议中主动发言，主动表达反对意见，在会议中对他们这样的行为表示高度认可。同时，鼓励大家畅所欲言，讲真话，敢于批评与自我批评。

其次，他会经常变换自己的领导模式和做事模式。这样就让某些趋炎附势，乐于钻营、揣摩领导想法、投其所好的小人行事被动，无法达到既讨好领导又不费力气工作的目的。

最后，他会走出自己常规的工作圈，走近那些敢于提出反对意见的员工，特别是“空降兵”，和他们吃饭、聊天，一起搞团建活动，听他们详细分析反对意见背后的逻辑，以及新创意背后的具体实施办法。之后，会对他们的意见进行科学评估，证明是有助于企业正确决策的意见，就会给他们提供人力、物力、财力等资源支持以及更加强大的话语权，以推进决策的顺利落地。当然，在他们推进项目遇到困难时，也会给他们提供很多鼓励和帮助。一段时间以后，X 公司的业绩显著提升，人与人之间的交流也更为顺畅。

▲ 权变思维对策七：企业领导者要倡导开放沟通的文化，让“空降兵”敢说真话，敢于成为意见反对者。

忠言逆耳的道理人人都懂，如果领导听到的永远都是顺从的声音，那么，这家企业就离倒闭不远了。因为每个企业管理者都会遇到决策中隐性的陷阱（后面的章节会详细讨论），“空降兵”多数是带着新思维、新视角、新创意加盟企业的，跟企业目前的人才结构有互补性，鼓励“空降兵”表达反对意见，会避免关键决策者掉入决策陷阱，规避很多决策失误带来的风险。同时，新创意会促进企业的良性发展。有的读者会问：“为什么要特别重视‘“空降兵”’的反对意见呢?”原因是“空降兵”还没有和领导建立深厚的彼此信任的关系，如果轻视或者漠视他们的意见，会给双方之间画上一条难以逾越的信任鸿沟，造成“空降兵”轻易流失，甚至其他更为严重的后果。

管理者中的将才成长为帅才的七个问题

Amanda 空降到 Angela 所在的 W 公司一年后，凭借出色的业绩表现获得了职位上的提升，从事业部副总经理提升为总经理。在开心之外，习惯了所有事情亲力亲为的 Amanda 没有及时调整工作模式，依然我行我素，因为要第一次对部门业绩完成情况负责，她感觉到前所未有的压力。但是，频繁地拜访客户、参加客户谈判、参加行业大会占据了她大部分工作时间，同时，下属随时向她提出的各种问题也让她应接不暇。

Amanda 的工作愈加忙碌，甚至不睡觉都干不完，她的口头禅就是“快忙死了”“来不及了，我们中午叫外卖，边吃饭边开会吧”“快点快点，再完不成，周六日来公司加班吧”“今天大家熬夜加班也要把工作做完”。因为她竭尽所能地工作，所以一段时间下来深感心力交瘁，备受煎熬。由于频繁加班，长期高强度工作，员工们怨声载道，面对 Amanda 布置的工作经常故意说忘记了，或者表面答应实际上故意拖延，造成部门工作效率极其低下。有些员工甚至表现出被动攻击的状态（被动攻击型人格：内心充满愤怒和不满，但又不直接将负面情绪表现出来，而是表面服从，暗地敷衍、拖延，不予以合作，常私下抱怨，却又相当依赖权威，在强烈的依从和敌意冲突中，难以取得平衡）。Angela在半年度领导考评中发现，Amanda 的分数很低，而 Amada 自我感觉团队管理还不错，Amanda 到底做错了什么呢？

△ 权变思维问题八：管理者没有做好职场的自我管理。自我管理的核心之一是情商管理。

英明的管理者首先要成为卓有成效的自我管理者，自我管理的核心是情商管理，包括如何在压力下保持从容不迫，如何在沟通冲突中保持冷静，如何充满勇气、直面困难等，类似的图书汗牛充栋，领导者可以多多参考，多多借鉴，因为榜样的力量是无穷的。《乔布斯传》就是这样一本能量无穷的书，它给了创业路上的 Amy 很多指导和前行的力量，感谢乔布斯。

Amy 特别想指出的是管理情绪劳动带来的隐性压力（情绪劳动的概念最早由美国社会学家霍克希尔德提出，她把情绪劳动定义为，管理自己的情感以创造一种公正可见的面部和肢体的表现。在戏剧理论的启发下，霍克希尔德提出员工管理情绪有两种方式：表层扮演和深层扮演。表层扮演是指员工调节情绪表达，使之与组织的要求相符；深层扮演是指为表达组织期望的情绪而对真实情感进行调整，使其一致）。简而言之，情绪劳动就像面对自己非所愿的事情时，扮演出合适的职业面孔一样。

由于管理者多数时间都在办公室和各种以工作为重心的正式场合，日复一日地扮演会压抑个性，影响正常情绪的释放，使得抑郁、焦虑、倦怠等负面情绪频频出现。**面对超负荷的情绪劳动时，管理者应该如何改善呢？**

首先，从时间观的维度来讲，要着眼未来。可以把这段职业生涯看成你未来事业的必经之路，虽然有点枯燥、乏味，但是只有学习掌握了当下的核心技能，管理好团队，才能登上下一个更大的舞台。

其次，从选择的维度来讲，要主动增加工作的意义。有的工作本身是无意义的，甚至是琐碎的，但是增加工作的意义就会让被动选择工作变成主动选择工作。增加的工作的意义一方面是照顾家庭的责任，比如赡养老人，抚养孩子，多数职场人士为孩子能过上富足且稳定的生活工作，再辛苦也心甘情愿；另一方面是个人社会价值的体现。所以，给工作本身增加附加值是个明智之举。

最后，从创新的维度来讲，要进行工作重塑。组织理论家卡尔·维克的观点是，创意源于“以旧的方式组合新元素，或以新的方式组合旧元素”，工作重塑就源于此概念。耶鲁大学心理学家 Amy Wrzesniewski 以及密歇根大学心理学、商业管理学教授 Jane E. Dutton 早在 2001 年就提出了“工作重塑”（job crafting）的概念，即员工不再仅仅是被动接受工作任务安排，而是可以根据自己的偏好和能力等个人特点主动对工作任务进行调整。通过工作重塑，员工不仅能提高个人的工作满意度和幸福感，组织也将收获高工作绩效、高情感承诺和高工作投入。他们认为，影响工作幸福感的决定性因素可以归结为 3 个，即对自己生活的掌控感，与他人积极的日常联系，以及如何快乐而有意义地度过清醒时间（对大多数人来说其中一半都是在工作中度过的）。他们还编写了一套 DIY 工作的操作指南：①任务重塑：即改变工作的任务边界，主要包括改变工作任务的类型以及改变工作任务的数量。②关系重塑：即改变工作任务的关系边界，主要包括改变工作中人际互动的对象以及改变工作中人际互动的性质。③认知重塑：即员工改变对工作的看法。现在，以谷歌为代表的创新性公司都允许员工重塑自己的工作。重塑工作练习允许员工重新设计他们的工作，通过创建一个可视化流程，让员工视工作为“一套灵活的积木”而不是固定的工作和任务。在工作分解的过程中，基于价值、优势和激情这三大主要特征，员工就能够为更理想的工作做出一些改变，这也就是所谓的在工作中保持幸福的实质。

Amy 与几千位管理者候选人进行过沟通，听他们每个人分享过自己的管理心得，结果发现，重塑工作是他们的共性。其中一位投行高管为自己做了这样的价值重塑：他主导投资了一家大型水果连锁超市，这家公司快速发展，业绩蒸蒸日上，对水果的大量需求解决了数以千计的果农的生计问题，这位颇具公益情怀高管感到非常自豪。还有一位儿童传媒集团的高管，她热衷于儿童教育，甚至一度放弃了如日中天的媒体事业，全身心投入到了儿童教育的学习中，在儿童传媒集团任职高管期间，她对工作价值进行了重塑，将自己的岗位的新价值定义为传播童真快乐的使者。无论是管理者，还是基层员工，每个人都可以从自己的工作中发现和创造更多的价值。身为管理者应该做出表率，倡导创造更多的工作价值。

对于关系重塑的方法，候选人们也是花样百变。有导师情结的候选人会通过定期分享专业知识建立与同事的新关系——师生关系；有知心姐姐情结的候选人会通过大量心理学知识的丰富，为同事们疏导情感问题和心理问题，成为同事们的大哥大姐；有做媒情结的候选人会通过不断地撮合同事和认识的朋友，成就一段段好姻缘，在情感上和同事们建立强链接；有公益情结的候选人会通过定期组织同事们一起去探访孤儿院、老人院，拉近与同事间的距离，也引发更多同事一起做公益的共鸣。

对于任务重塑而言，因每家企业的文化不同，任务重塑的方法也不同，但共性是都基于员工们的优势不断重塑，因为员工的优势是企业茁壮成长的源泉。管理者通过工作重塑可以更深更广地实现自我价值，也可以引领团队成员实现个人的工作重塑。

多数管理者能够通过自我管理不断优化自我，在岗位上游刃有余，但是仍然会有相当一部分管理者的情绪和行为让人匪夷所思。Amy 尝试从另外一个角度和读者进行探讨。在十余年大量接触管理者的过程中，Amy 发现他们有一个共性——异乎寻常的理性，有一部分人甚至表现得有点冷酷。Amy 的解读是，在职场残酷的升职竞争中能脱颖而出，除了勤奋，关键是要少犯错误，或者不犯错误，而理性的头脑可以降低犯错率。长期的理性思考形成了思维定式，造成情感的表达和沟通在很长一段时间里被疏忽，因此管理者要给刚刚升职的员工一个过渡期，以情感示关心。同时，要不断重申管理是一门艺术，艺术需要情感的投入。理智和情感的平衡是情商高的表现，也是管理的高明之道。得道必然多助！自私自利的管理者必然失道寡助，路也越走越窄。

▲ 权变思维对策八：提高职场的自我管理能力。

这里的关键点是如何提高情商管理能力。伦敦大学学院商业心理学教授托马斯·查莫罗·普瑞姆兹克和组织心理学家迈克尔·桑格在《哈佛商业评论》中的一篇文章中，分享了培养情商的五个关键步骤：第一步从自欺欺人到认清自我；第二步从关注自我到关注他人；第三步成为有益的交往对象；第四步控制自己的情绪；第五步保持谦逊，即使是假装出来的。作者在文章最后还提到，训练情商的总原则是不要改变自己的性格，而是摒弃不当行为，替换成更加合适的做法，克服不良倾向，养成新习惯，改善别人对你的印象。

△ 权变思维问题九：管理者没有做好职场的能量管理。

在 Amy 看来，管理者首先要把自己当成一个健全的人来对待，而不是把自己当成职场中的机器。能量管理的核心包括健康的体能和情感、思维的正能量，很难想象对自己苛刻、冷酷的人会成为一名合格的管理者。一天就吃一顿饭，方便面或者汉堡包，熬夜加班，几乎不锻炼，这是很多管理者日常生活的写照。太忙了，是他们顾不上吃饭、顾不上锻炼的借口。真的是太忙了吗？答案当然“不是”！真相是这些管理者从思想上就不重视自己的身体健康，不重视体能的持续提高，等有一天突如其来的一场病会把他们正常的生活和工作搞得一团糟。

凡事都要防患于未然！健康的体能需要科学地维护保养，要有计划、有组织、有行动。从生活的微小习惯改变开始，每天吃个苹果，按时吃饭，吃健康的食品，忙里偷闲去跑个步，哪怕只有半个小时。我经常看到朋友圈里重视健康的高管在出差过程中见缝插针地跑步，会场外面的小道，宾馆附近的公园都可以，实在没有场地时，甚至可以在办公的休息时间做几十个俯卧撑。只要有心，处处都是锻炼的地方；只要有心，时时都是锻炼的时间。众所周知，体能的改善不仅可以让你的身体舒适，还能让情绪顺畅，充满积极向上的能量，工作效率也会有大大提升。

充满正能量的情感和思维需要持续塑造，持续改善，因为人的情绪时刻在受周围环境的影响，所以我们必须学会理性地控制带有负能量的情感。具体来说，对外要广结善缘，交良师益友，让更多的亲朋好友成为你的支持者，在你需要倾听、倾诉时随时都有人陪伴，有人关心；对内要培养自己的同理心，要换位思考，这有助于你理解他人的行动。同时，自己要保持积极的心态，面对困难和危机要有大勇气、大担当、大胸怀，相信通过自己和团队的力量一定能够战胜它。

职场中的团队管理非常关键，因为好的团队管理能够给整个组织赋能。“人在一起是聚会，心在一起是团队。”这是 Amy 欣赏的一句话。能量管理不仅是个人的能量管理，更重要的是组织的能量管理，目的是通过对一个因为物理性质组合起来的人群进行有机的、科学的、艺术的管理，实现最佳的化学反应，最终形成一个具有高能量、正能量，且新能量不断增长的团队。

Amy 在十余年和数以千计的管理者候选人沟通的过程中发现一个有趣的现象——职场快乐指数越高的管理者发展得越好，其团队的快乐指数也更会高，进而能够为企业创造更多的利润和价值。快乐的能量在正能量里扮演着重要角色，她就像一盏明灯，照亮每个人的心灵，每个团队的心灵，以及每家企业前进的道路。

哲学家亚里士多德认为，人生终极目标的实现是和快乐感紧密联系在一起的。但是，为什么快乐对于当下的很多管理者来说都成了奢侈品呢？管理者在获得高薪高职位的同时也承受着高压力，这种压力有时候来源于自我期望值过高。面对这种压力，管理者要科学客观地认知自我，合理控制自我期望值。

压力有时候也来源于物质富有之后的空虚，物质生活越富足，幸福感越低，这遵循幸福递减律（幸福递减律是人们对同一事物幸福的感觉，会随着物质条件的改善而降低，无论在国内还是国外，都有生活越富裕却越不幸福的现象，这就是随着经济发展而出现的幸福递减律，也就是西方经济学中的，也即人从获得一单位物品中所得的追加的满足，会随着所获得的物品增多而减少）。“积极心理学”之父马丁·塞利格曼把幸福划分为三个维度——快乐、投入和意义。每个维度的幸福都是好的，但是将浅层次的快乐转化为深远的满足感和持久的幸福感是一件益处更大的事情。记住“幸福≠物质；幸福≠经济；幸福≠结果，不要让感官味蕾失去对幸福的敏感性”。

压力有时候还来源于攀比效应（“虚荣是我最爱的原罪”。从经济学角度出发，攀比效应是一种赶时髦的心理，想拥有一件几乎所有人都已拥有了的商品；从经济学角度出发的虚荣效应是指由于种种因素的限制，只有少数人才能享用到独一无二的某项产品或者服务。由此推延，社会生活中的攀比心态即看到别人拥有了，自己也想拥有的心态，虚荣心态则是期望达到少数人享有的荣誉、地位或者身份）。当自身财富有增长，而别人增长更多，尤其是身边熟悉的同事或者亲朋好友的财富急剧增长时，个人的快乐指数就会直线下降。攀比效应是心理贫穷的表现，攀比效应一旦出现，要用生态平衡法则进行处理，告诉自己，那些别人得到了而自己没有得到的东西，是他辛苦付出换来的，而我没有辛苦付出；或是那是他所需要的，而我自己不需要，不必过于介怀。

▲ 权变思维对策九：做好职场的能量管理。

能量管理的核心是身心健康管理。中国文化博大精深，阴阳平衡是中国人哲学观、宇宙观、人生观、价值观的总体反映。职场的能量管理也要遵循阴阳平衡的原则。从生理上看，阴阳平衡是生命活力的根本，阴阳平衡，人则健康有精神；阴阳失衡，人则会患病、早衰，甚至死亡。情感和心理同样也需要阴阳平衡，心态扭曲，情绪波动，浮躁烦恼，贪欲太强都是心理失衡的表现。学会对人对己都以礼相待，学会心平气和。老子的《道德经》第四十二章有道：“道生一、一生二、二生三、三生万物，万物负阴而抱阳，冲气以为和。”和为贵！

对于职场人士来说，如果经常出现以下四种表现，就应该引起注意，因为这些表现一旦出现，不仅难以让人快乐，还很容易产生各种不良情绪，影响身心健康。如果长期处于这些不良情绪中，可能会导致工作积极性降低、创造力匮乏，进而降低工作效率，并可能产生诸如焦虑症、抑郁症、职场倦怠等心理问题。

○ 在工作中，经常会产生无助感，觉得自己像个受害者而不是优胜者。

○ 经常会觉得无力应付工作，似乎总有干不完的活。

○ 工作内容单调、乏味，缺乏新鲜有挑战性的任务。

○ 经常感到身心疲惫，且没有改善的迹象。

Tips：

测测您的职场快乐指数有多高？

人的一辈子花在工作上的时间大约有三分之一，你知道你在职场上的快乐指数是多少吗？不妨做做下面的小测试。

请仔细回忆过去一个月自己的工作状态，然后依次对照以下项目，对自己的情况进行打分。从来没有计 0 分，偶尔发生计 1 分，经常发生计 2 分。计算出分数后，看看你的快乐指数到底有多少？

○ 手上有做不完的工作，甚至让你觉得根本应付不来。

○ 没有什么兴趣爱好，很久没有与朋友聚会了，因为你总得记挂着工作。

○ 一旦遭遇挫折，就很容易气馁、退缩。

○ 想把工作做好，担心他人会不满意自己的工作表现。

○ 觉得领导、同事并不十分欣赏自己。

○ 常常担心自己会陷入经济危机。

○ 经常头疼、胃疼、颈椎疼、后背疼，做了治疗也没有效果。

○ 常常在与家人、朋友、同事的相处中控制不住脾气。

○ 晚上很难睡着，心中记挂很多工作问题。

○ 抽出时间稍稍娱乐休闲一下，便会有很强的负罪感。

查看结果：

0~10 分：虽然精神压力并不大，但你的生活过于枯燥，工作也就是一份职业而已。

11~15 分：工作的压力还能应付，但快乐工作就谈不上了。

16 分及以上：你的工作压力偏高，应反省一下，是不是对自己的要求过于苛刻了。

△ 权变思维问题十：管理者没有做好职场时间管理。

高效的时间管理是职场人士的必修课，管理者的普遍状态都是非常忙碌的，所以要特别重视时间管理。很多专家、学者都对时间管理做过系统分析和总结，比如帕累托原则、时间四象法、6 点优先工作制、麦肯锡 30 秒电梯理论、莫法特休息法等，方法很多，关键是要将时间管理理论灵活运用到实践中去。Amy 通过对大量高管的时间管理进行分析，也有一些心得和大家分享。管理者的时间通常分为可控的时间和非可控的时间。

对于可控的时间，我们可以通过各种时间管理工具来实现高效运用，但是面对不可控的时间，我们应该做些什么呢？跨部门、跨行业、跨地域的沟通协作就存在着不可控的时间，善于沟通且人缘好的管理者在这样的合作中左右逢源，如鱼得水，能够大大节省时间；而不善于沟通的管理者在这样的协作中就会一筹莫展，用几倍于正常的时间，得到的结果却并不尽如人意。

职场上没有无缘无故的爱，要获得好人缘离不开平时苦心孤诣的情感投资。不要认为自己所在的是核心部门就无视其他职能部门同事的辛勤付出，不要等到需要他人帮忙时才想起登门联络感情。要从入职开始就通过真诚的付出与周围人建立一种非正式关系组织，比如校友关系、老乡关系、师徒关系、兴趣小组等。这种组织可以是公司内部的，也可以是公司外部的，包括重要的合作伙伴、客户、合作供应商、合作媒体、银行、资源方等。

建立良好的人际关系不仅能够让你在关键时刻获得别人的鼎力相助，比如其他部门主动加班加点配合你的工作，及时帮你找到关键点或者关键合作方，放弃本部门的部分利益和资源帮助你顺利完成工作；同时还可以让你占尽先机。由于你熟悉上下左右、内部外部的资源和资源管理者的思维模式和行为习惯，所以你可以快速且正确地行动，解决其他竞争者很难解决的难题。沟通成本高，尤其是时间成本高，是管理者经常遇到的问题。沟通成本高的核心原因是彼此陌生，缺乏信任，哪怕是一个公司、一个办公室的同事，由于很少有情感互动，时间长了，彼此的关系也会渐渐疏远。工作中细水长流的情感经营可以缩短彼此的心理距离，建立基本的信任和良好的沟通方式。主动帮助跨部门、跨地域的同事也是建立良好关系的好方法，因为你的举手之劳对他人来说可能就是雪中送炭。

曾经有一位高管候选人 Summer 跟 Amy 分享了一个她自己的真实故事。

Summer 公司的一位高管顾总因航班延误，无法参加一个重要的会议，正在这位高管手足无措的时候，Summer 主动提出代替他参加这次会议，她连夜准备会议资料，并和同事就会议的关键点认真讨论，直到达成共识。第二天她在会议上的精彩表现获得了大家的一致认可。从那以后，顾总和原本不太熟悉的 Summer 建立了良好的友谊。不久一个新项目需要 Summer 独挑大梁，在 Summer 感觉压力巨大的时候，顾总给他提供了帮助。由于顾总人脉广，又是公司的老人，给 Summer 引荐了很多有利于新项目开展的人脉和资源，并帮助 Summer 协调公司内部各个部门的合作，甚至一个新方案刚定下来，在 Summer 还没有开始行动时，就默默地帮 Summer 铺好了一条顺利前行的路。在新项目有起色的时候，他在领导和同事面前对 Summer 表达真诚的赞美，而对自己的付出只字不提。功劳都是 Summer 的，他甘心当一片绿叶。正能量在他们之间静静流淌，也潜移默化地影响着他们的同事和下属，渐渐地，互助的风气在公司蔓延开来。

Amy 接触过的另外一位候选人张总也分享过他的真实故事。张总是一家上市公司的财务总监，并不分管公司的投资业务。但是，当董事长面对一宗竞争者趋之若鹜的高回报投资项目犹豫不决时，他没有选择沉默，主动跟董事长抽丝剥茧地分析该投资项目的风险，极力劝说董事长放弃。董事长虽然非常纠结，但最终选择了放弃。一段时间过去，投资该项目的公司都付出了惨痛的代价，而张总所在的这家企业不仅平安无事，反而在竞争对手疲于应付投资失利带来的麻烦时，抓住了高速发展的时机。董事长非常庆幸团队里有敢于在关键时刻直言的下属，对张总刮目相看，张总也得到重用，分管投资业务，此后，每当公司要做重大决策时，董事长都会认真听取他的建议。

敢于说“不”，是时间管理的重要法则。说“不”时，有对下属的过度要求，也有敢于建言献策的勇气，这种勇气来源于一切以公司利益为重的大局观。Amy 总结了职场说“不”七步诗法：“有礼有节地说

‘不’，有情有义地说‘不’，有理有据地说‘不’，有重有轻地说‘不’，有商有量地说不‘不’，有急有缓地说‘不’，有说有笑地说‘不’。”总之，要恰如其分地说“不”。

▲ 权变思维对策十：提高职场时间管理的水准。

在 Amy 看来，管理在一定程度上是化妆时间的艺术。时间就是一张素颜，每天我们都要用一颗真诚的心、一双灵巧的手和一个智慧的大脑给时间化妆。众所周知，管理自我、管理周遭的关系、管理周围的环境都需要时间，这就更要给时间化妆，画一个美丽、美好、美妙的职业妆。这个职业妆的名字叫“连接”。现阶段的组织都是互赖的，管理者不要变成一座孤岛，要把自己当作一个平台，尽可能地去连接所有美好的关系，让美好的关系为高效管理服务。《高效能人士的七个习惯》中指出：“互赖”是比“独立”更高层的习惯。

Tips：

组织互赖是指组织内部的不同岗位、不同业务单元，彼此之间不是割裂的，而是存在着互赖关系的。这种互赖关系可以分为三种：并列型互赖、顺序型互赖和交互型互赖。（本内容来自清华大学教授宁向东的管理学课）

△ 权变思维问题十一：管理者没有给下属合理的试错空间。

职场中没有完美的管理者，也没有完美的下属。给下属合理的试错空间是管理者的必修课。那么，如何给下属合理的试错空间呢？我们看一个夏总的故事。

夏总是一家企业的负责人，在公司转型期间要对新业务进行大胆尝试和创新。由于是新组建的团队，成员们一开始都信心不足，干工作缩手缩脚，她就经常给团队成员打气，从人力、物力、财力上给予团队不断地支持，鼓励成员们勇于在创新中试错。同时，她要求团队负责人和人力资源部共同制定合理有效的纠错机制并监督执行。夏总要求团队定期组织分享会，分享大家平时工作试错的过程和收获的经验、教训，她也会把自己试错的经历和大家分享，让团队感受到组织中鼓励大家试错的氛围。领导不畏惧犯错、敢为天下先的勇气为团队成员敢于试错的做出了表率。所以，**组织要赋予团队成员，特别是新业务团队成员在创新过程中合理的试错权，这是倡导合理试错文化的核心之一。**

合理试错文化的核心之二是在履行纠错机制的过程中要严厉而又不失人情味。多数下属都不是故意犯错的，要不是不明所以，要不就是好心办坏事，而且犯错以后多数人也是愧疚不已、忐忑不安。管理者要把握一个纠错原则，就是对事不对人，不要在情感上给下属任何雪上加霜的负罪感、羞耻心以及自我否定的负能量，要给予他们家人一般的爱，给他们最大限度的关心、安慰、帮助和鼓励，期待他们更好的表现。

传说古希腊的塞浦路斯岛上有一位年轻的王子，名叫皮革马利翁，他酷爱艺术，通过自己的努力，终于雕塑了一尊女神像。对于自己的得意之作，他爱不释手，整天含情脉脉地注视着她。天长日久，女神居然神奇般地复活了，并乐意做他的妻子。这个传说道出了一个深刻的哲理：期待是一种力量，这种力量被心理学家称为“皮革马利翁效应”。

对待犯错的员工，皮革马利翁的“爱与期待”的力量，永远比强制与打击更有效。在员工犯错的时候，夏总总会在第一时间选择私密的场合和员工单独交流，耐心地听完员工的倾诉，了解错误背后的来龙去脉，并及时有效地指导和帮助员工弥补过错，把错误带来的损失降低到最低。在类似的谈话结束时，她总会说一句话：“相信你下次会做得更好！”平时，她也会经常提醒团队成员，一定要做到激励多于批评，当发现激励的话语少于批评的话语时，要及时有效地改善沟通方式。如果员工犯错后过于严苛地批评，会造成组织负能量的恶性循环，甚至本来可以改正了事的小错误，由于员工情绪低落、过度自责而做出过激行为，给组织带来更大损失。

人情味能帮助人们变得更有创造性与韧性。然而，职场中的压力让人筋疲力尽，很多管理者都不会与同事交朋友。斯坦福大学同情心与利他主义研究与教育中心的研究科学家莫妮卡·沃莱恩认为，与同事交朋友，需要更多的同情心。她在《哈佛商业评论》发表的一篇文章中给出了四种方式，人们可以借助这四种方式让自己在工作中更富有同情心。第一，提高感知痛苦的能力。职场中，人们传达出的痛苦信号通常都非常微弱，这让我们很难注意到他人的痛楚。沃莱恩建议，可以调整自己的情绪来配合同事，让自己更容易接近对方，这样就能够更好地捕捉到对方正在经历的事情。第二，完善调查能力。在职场中，同事之间很难去问一些私人问题。埃森哲、安永等公司正在为员工提供培训项目，以培养同情心的方式进行咨询。比如问“你还好吗”这类问题。在合适的时间与空间内真诚地提问，可以提高彼此之间的安全感，打开心扉。第三，代入自己的感受。感知和理解了他人的压力后，通常都会产生共情反应（一种希望他人过得好的美好期待）。当我们了解到彼此的共同之处时，这种心理就更容易出现。第四，有创造力地安慰。当他人遇到伤痛或压力时，依照社会惯例提供安慰的方式可能没有太大的作用。沃莱恩曾在研究中见过这样的案例：一场重要的董事会会议召开前，一名经理的侄子发生意外，不幸丧生。这位经理的同事们想出了非常有效的办法，让他不用出席董事会会议、接受紧急任务，这样他就不用把精力集中在工作上；同时，还将他们的假期让给他；共同为他的家庭创作了一首诗，并在纪念仪式上分享。沃莱恩说，太多人都把职场同情心、与同事做朋友看作锦上添花，但如果人们能真正地关心对方，他们将会更有创造力、更有韧性，并且渴望在工作上有所贡献。人们很容易忽视他人的痛苦，假装自己不在办公室。但是无论我们是否主动去关心，他人正在遭受的痛苦都会显现出来，唯一应对的方法就是有同情心。

合理试错文化的核心之三是对于创新要坚持试错，用包容的心态去拥抱试错。众所周知，这个时代是创新的时代。现代教育家陶行知说过："处处是创造之地，天天是创造之时，人人是创新之人。"这句话给予了我们这个时代的每个人以深刻的启迪。京东董事局主席兼首席执行官刘强东在京东 13 岁生日当天发出内部信，认为人工智能、机器人技术将再一次掀起新产业革命，必须时刻居安思危、开放创新，未来京东的定位将是零售基础设施的服务商，并从文化重塑、组织结构等方面寻求改变，给予创新包容试错，保障技术转型落实。鼓励试错一直在京东的人才战略中发挥重要的作用。

试错在创新中扮演着核心角色，科学哲学家波普尔就把科学发现归结为"从错误中学习"。作为管理者，不但每天要鼓励团队试错，而且不断试错，还要不断给团队创造试错的机会。企业在产品创新、技术创新、市场创新、资源配置创新、组织创新等方面都要大胆尝试，尝试的过程中需要给团队合理的试错空间，和试错者产生共情，善待试错者，尊重试错者，体谅试错者，让试错者有尊严、有信心、有热情地试错，让试错者犯错后依然不畏惧失败，勇往直前。

▲ 权变思维对策十一：给下属合理的试错空间。

试错是无尽的勇气，试错是无限的青春，试错是无边的创新。从我开始，从今天开始，从此时此地开始，举重若轻，披荆斩棘，所向披靡，在试错中不断成长、不断历练、不断蜕变。我一直深信，合理试错是黑夜里点点星光下的大胆前行，永不放弃的试错将迎来创新的美，美若黎明。

△ 权变思维问题十二：管理者因循守旧，不擅于权变管理。

《演员自我修养》封面上有一句话："没有小角色，只有小演员。"职场上套用这句话就是："没有小职位，只有小管理者。"在 Amy 看来，管理者无所谓职位高低，无所谓 70 后、80 后还是 90 后，更无所谓是身处民企、国企还是外企，只有管理者和小管理者的区别。

在形势瞬息万变的时代，有心成为一名合格的管理者，就一定要跳出旧有框架，提升权变管理能力，这是管理者的必修课。什么是权变管理呢？权变管理是指管理要根据组织的内外部条件的变化做出相应调整，即管理无定式，应因地、因时、因人而异。权变管理是管理者必备的管理技术，是一种很高的管理境界，但它不再是平稳时期的一种偶然需求，而是在连续变化的环境中的一种常规管理，是一种依据环境自变数和管理思想及管理技术因变数之间的函数关系，来确定的对当时、当地最有效的管理方法（定义来自智库百科）。Amy 的理解是，权变管理要像一位演员一样，在不同时间、地点，面对不同人群扮演恰如其分的角色。管理者之所以要善于权变管理，是因为他所面对的是一个有血有肉、有情感、有思想的人群，是一个存在未知性、突发性、故事性和不可预期性的相当复杂的群体。那么，应该如何游刃有余地进行管理呢？"没有绝对最好的东西，一切随条件而定"，这句格言是权变管理的核心思想。以变应变是 Amy 理解的权变，以变应变是管理的活水，唯有源源流动的活水，才能让组织生态发展更有生命力、活力、创新力。

研究权变理论的著作很多，有兴趣的管理者可以认真学习研究一下，Amy 很愿意听到更多管理者对权变管理的理解和分享。这里 Amy 就谈谈个人对以变应变的管理的理解。首先，某些知名咨询公司经常会给企业提供一套系统的管理工具，但是落地时却收效甚微；也有某些企业老板的管理理念非常先进，但是企业的运营管理却混乱不堪，问题重重。为什么会出现如此现象呢?

以变应变管理的核心要素之一是洞悉人性。知己知彼，百战不殆。之所以会出现上述现象的核心原因之一是在管理实践过程中缺乏用心。简单复制粘贴管理工具和管理理念只会流于形式，要将孙悟空七十二变的精髓融入管理，管理要认真细致到人心，而不是简单粗暴地管理到人身。管理到人心的关键是洞悉人性，要花大工夫、细工夫、巧工夫去熟悉组织中每一个人的性格特质，持续地去了解、熟悉、沟通。美图软件之所以能够大获成功，核心原因就是洞悉了人们对美的诉求。管理的过程类似对每一个人的美图，看似一键美图，实际上是换位思考、共情共境，参透沟通背后的情感和逻辑，一招共赢!

我们看到，很多公司元老的地位很难被撼动，一定程度上是得益于以变应变的管理惯性，多数元老熟稔老板、团队、客户以及合作方，长期共事累积的情感互动和成败经验会教会他七十二变，甚至给他很多锦囊，让他从容应对组织中的各种变化和危机。元老的价值不是凭空而来的，是他们长期、持续地真情实感地投入，不断为组织创造价值而得来的。组织是一个有机的生态，元老们长时间和组织生长在一起，盘根错节，藕断丝连，互相牵绊，互相成就。

以变应变管理的核心要素之二是给管理赋予真诚的情感。任何人都无法拒绝真心，真诚的情感投入远胜于高明的管理工具。管理工具的发明者是人，优化流程的设计者、执行者是人，组织变革的设计者、执行者也是人。管理者需要充分重视人，重视人的情感，重视共情。由于职业的原因，Amy 和几千位各行各业的管理者有过深入接触，发现优秀的管理者的共性之一就是重视团队情感的交流，特别是面对面的情感交流。持续地进行定期的团队建设，个人经验的慷慨分享，团队个人情感和家庭出现困难时及时排忧解难，家文化的打造，导师文化的打造，都是他们在不断践行的方法，践行这些方法的时间越长，他们的职业道路也越走越宽。Amy 发现，这些管理者有一个共性，就是与他们的交流非常舒服，因为他们总会带着笑意，带着善意，带着情义。

以变应变管理的核心要素之三是做有温暖、有温度、有温情的管理者。这样的管理者不仅对组织有很大的价值，对社会都有很大的价值。所以，要杜绝冷漠，因为管理者的冷漠是会传递的，恶性循环会让组织出现各种危机。同样是裁员，管理者如果方式方法得当，就会收获好聚好散的结果；同样是业绩指标的分配，管理者根据团队不同成员的性格特质、现状和处境，有技巧、有方法、有策略地分别沟通，因势利导，有的放矢，有计划、有节奏、有分寸地和团队成员沟通交流，其结果可能会皆大欢喜。

以变应变管理的核心因素之四是要拥抱创新。管理是一门艺术，艺术的创新无止境。很多企业在管理上的创新都为企业创造了巨大的价值，比如谷歌执行董事长兼前 CEO 埃里克·施密特和前高管乔纳森·罗森博格在新书《谷歌怎么工作》一书中解码了谷歌的管理方式，指出谷歌最看重的是有野心的想法，在硅谷，这被称作“登月”。谷歌领导者经常会努力纠正员工的方向，让他们不再纠结于 10% 的提升，转而把目光放到10倍的改善上去——这就需要他们采取全新的模式，而不只是对现有内容进行优化。多数“10倍”项目都会失败，但这种概率完全可以接受。谷歌遵循的第二种管理模式是“快速失败”。这样一来，人们就可以从失败中吸取教训，继续向前，甚至有可能借助一些挫折孕育新的成功。从这方面来看，“不断学习”胜过“博学多才”，因为没有人能够预见未来。“迭代是整个战略中最重要的部分。”他们二人说。在决策过程中还要重视数据，而非经验、直觉和等级制度。谷歌模式的核心是向员工放权，其实，所有公司的老板都在讨论这一问题，但这家搜索巨头却在真心落实这种模式。他们已经设计了一套系统，让员工的优秀创意可以真正得到落实。谷歌很多优秀产品和功能（例如Gmail）都是在这种管理模式下诞生的。此外，谷歌还设计了一套政策，让员工将20%的工作时间用于开发业余项目。

以变应变管理的核心因素之五是要不断改善自己。改善自己要从认识自己开始，因为了解人类的需求和动机，对管理者大有裨益。宾夕法尼亚大学的高级研究员安妮·麦基在《哈佛商业评论》的一篇文章中，引用了美国社会心理学家大卫·麦克利兰的研究，麦克利兰发现人类有3种需求：对成就的需求，对权力的需求，以及对归属感的需求。

安妮·麦基分析了这三种需求，并给新晋管理者提出了一些建议：第一，对成就的需求。明星员工渴望获胜，也总能取得胜利，当他成为领导者之后，会期望自己的团队也能如此。不过，要做到这点，他们需要重新调整自己追求成就的出发点，从追求个人目标转变为帮助他人取得成功。“你要学会走出聚光灯，退居幕后，让他人的成绩闪光，这能让他们感觉自己得到了肯定，同时激励其他的人。”这不意味着你要抛开自己对成就的需求，你要处理好“自己的追求”和“其他人想凭自身能力把工作做好的渴望”之间的关系。

第二，对归属感的需求。新晋管理者很难平衡与直接下属的工作和私人关系，因为这就好比你是班里的尖子生，还要能和大家成为朋友，不引起其他人的忌恨。安妮·麦基建议，可以温暖坦诚地对待下属，这会令你终身受益，不要拿他们和你过去的成绩比较，要学会赞赏他们的成功，给予他们肯定，并真心帮助他们强大起来。

第三，对权力的需求。大卫·麦克利兰说：“对权力的需求是人的正常诉求。管理者需要尽早学会管理这种需求，因为一旦被给予合法的职权，我们对权力的诉求就会自然而然地开始膨胀。”再优秀的人也会经不住诱惑，以权谋私，这也就是麦克利兰所说的“个性化权力”。不过，你可以将自己寻求权力的目的转变成为大众谋利，为集体谋利，即“社会化权力”。安妮·麦基说，新晋管理者需要了解激励自己前进的动机，学会利用它们建立积极的关系，先为他人服务，再为自己服务。提高你的自知、同理心和自我管理水平，有助于理解和管理你的动机。当然，这么做也会带来好结果，当你抛弃明星员工的光环后，你将成为一个受人喜爱的成功管理者。反观现实生活中大量因循守旧的管理者的鲜活案例，Amy 建议管理者改善自己的核心是与时俱进，不断提升自我管理的能力，不断升级自我认知，做好情绪管理和心智管理。

以变应变管理的核心因素之六是不断提升从容应对自己和他人负面情绪的能力。管理者每天都会遇到各种各样的难题，很多难题都涉及难缠和复杂的人际关系，所以负面情绪经常会排山倒海地涌来。众所周知，负面情绪会给人带来压力和感伤，这种情况下，大多数人都会想要改变这种情绪，心理学家把人们改变情绪的过程称作“情绪调节”。沃顿商学院的莫里斯·施韦泽教授专门研究了情绪调节，他说：“缓解忧虑的有效方式有两种，第一种是把注意力转移至其他地方，比如在飞机上的飞行体验让你感到不愉快，就可以看看电影；第二种方式是改变看待事情的方式，比如同事批评了你，但你会体谅对方其实也承受了很大压力，他只是对事，而不是针对你个人。

《华尔街日报》的一篇文章中，一位心理专家提出了五个建议，帮你在负面情绪缠身时平静下来。第一，专注呼吸，感受呼吸的过程。这样做能够降低大脑杏仁体的活动水平，杏仁体是大脑处理恐惧和焦虑情绪的控制中心，定期进行呼吸练习的人经历负面情绪的次数也较少。第二，认清焦虑的来源。人们往往会搞错焦虑的来源，继而做出错误的决定。你可以问问自己导致情绪变化的原因是什么？是因为正在处理的事情还是其他事情？第三，不要纠结。一旦发现自己在纠结，就应该立即采取行动。第四，放下手机。沉迷于社交媒体容易让人胡思乱想，应该限制自己在社交媒体上花费的时间。第五，把忧虑大声说出来。“当你把困扰闷在心里时，你会对自己担忧的事情信以为真。”把烦恼大声说出来，能让你反思自己的担忧，并发现自己的一些想法是多么荒谬。

Amy 建议以变应变的管理者要打造一个随时可以让你获得心灵依靠的团队，因为人可以从亲情、友情、爱情中获得更大、更多的力量。这个团队里通常有你亲密的父母和爱人，可以说知心话的闺蜜、同学、亲朋好友，或者一起奋战的领导和同事，当然，还有最容易被忽视的充满善意、理性、智慧且敢于直言的反对者，他们的话可能不中听，但是关键时刻他们有可能为你挺身而出。

改善负面情绪的良方不仅要有安慰，还要有立足于解决之道的随机应变。温情可以让你的负面情绪得以排解和释放，而反对者的话是你面对客观甚至冷酷的事实时的镇静剂。我们要敢于面对反对者，敢于正视反对者提出的意见，同事，也要积极扮演你在乎的人的反对者，因为这会提升整个团队的信任基础，会让真情流淌在团队成员的心里，会让整个团队爆发出巨大的、向上的生命力，从而让你在职场中获得更好的发展。

美国《成功》杂志上的一篇文章建议人们结交以下七种伙伴，帮助自己组建一个强大的人际网络。第一种是你的忠诚粉丝。他会认同你的看法、赏识你的潜力。当你自我怀疑、产生负面情绪时，这个伙伴会为你带来最正向的力量。第二种是你仰慕的导师。很多成功人士都有自己亦师亦友的人生导师，这些导师很可能跟你有相同的经历，会为你带来有益的建议。第三种是你背后的推手。父母、亲人和多年的好友是默默站在你背后的坚强后盾。一个好的推手能引领你成为一名好的领导者、好的家庭成员和好朋友。第四种是你的灵魂伴侣。灵魂伴侣不仅是朋友、爱人，还是你最大的支持者，可以明白你所有的心思和想法，也会适时提醒你何时该放慢脚步，重新调整策略。第五种是你的智慧灯塔。每一个团体中，总有一个似乎知道所有问题答案的人。当你面对抉择时，这种伙伴可以为你提出宏观而透彻的建议。第六种是你的成功模范。每个人都会碰到一个你认为非常优秀的人，这个人是你的榜样，看到他你会想要调整自己，成为像他那样的人。第七种是帮你从工作中彻底脱离的人。对于有孩子的职场人士来说，能让他们彻底从工作中脱离的人是自己的孩子。不过，现实生活中，帮你从工作中脱离的人往往最容易成为被牺牲的那个。

以变应变管理的核心因素之七是终身学习，这也是最重要的核心要素。不仅仅是管理者需要持续学习，每个职场人士都要终身学习。Amy看到过数以万计的中高管简历，并从中发现，他们中的绝大多数都是终身学习的代表，尤其是高管的简历，从终身学习的维度衡量近乎完美。攻读两个本科学位的、两个硕士学位的，参加各种培训、各种资格认证的比比皆是。有的人已经超过 40 岁，且已位居高管，仍然坚持读在职研究生、在职博士生，更有甚者，会暂时放弃高薪高职，专心去世界各地名校学习深造。进取的管理者始终如一地坚持学习，不断在各个维度、各个层面、各个细节上充实完善自己。除了持续地进修本专业的系统知识外，他们还热衷于参加各种有价值的培训。不要以为他们都是人到中年，愈发油腻而不思进取，忙碌的工作不会让进取的管理者在学习上停止脚步，他们会在候机、候车的片刻，在旅途中，甚至在会议间隙高效利用碎片化时间进行学习。善于运用权变的管理者需要博采众长，除了专业领域的知识和经验以外，学习心理学、行为学、人文学、社会学、伦理学、脑科学、美学等学科的知识和经验，可以丰盈大脑和心灵，并将它们充实到管理实践中去。

▲ 权变思维对策十二：提升权变管理的能力。

权变管理认为，并不存在一种普遍适用的“最好的”或“不好的”领导方式，一切视组织的任务、个人和团体的行为特点、领导者和员工的关系而定。管理者应不断调整自己，使自己不失时机地适应外界的变化，或把自己因地制宜、因时制宜地放到一个适应自己的环境中。

△ 权变思维问题十三：最适合做将才的中高管却做了帅才，成为被亲情绑架的管理傀儡——“假帅才”。

虽然，这里探讨的有些内容已经超出了讨论话题的范畴，但是 Amy 也不惜占用一些篇幅来阐述，是想提醒自己或者读者，我们不要将关注点集中在一个圆点上，即将才、帅才的区分，而要围绕这个圆点来看其所处的环境及其形成的前世今生。

管理者错位表现之一：高估了自己领导力的发展潜力。

管理者这种对自己能力的高估，本质上是自我膨胀心理的表现。他们觉得自己在本部门的整体表现出色，或者在某个项目上做出了突出的业绩，就可以胜任更高、更复杂的管理岗位。Amy 要告诫这些人的是，身为企业管理者特别是新晋管理者，千万不要盲目自信，盲目决策，签一个字，回答一个“Yes”，虽然只有几秒钟，可一旦失误，很可能将自己或是团队，甚至整个企业置于危险境地。这不是危言耸听，高层决策失误给企业带来大小灾难的事情经常发生在我们身边，不胜枚举。

管理者必须提升高效学习的能力，对标管理岗位的胜任力，查漏补缺。当发现自己的某个短板很难在短期内补足时，不要费力掩饰，不懂装懂，可以适时地引进更专业的管理者或者管理团队来配合自己的管理工作，当然，引进人才之后要大胆授予他更多的权利，使他能够最大限度地发挥潜能。这里需要注意的是，管理者对引进的团队成员的定位一定要准确，您引进的不是一个能够随时给您答疑解惑的老师，而是一个合作伙伴。对于这个合作伙伴，在目标和价值观达成共识的前提下，要抓大放小，抓住关键的管控点，其他细节就放手让他和团队去干。最后，强调一个容易被忽视的地方，就是无论在顺境还是逆境，管理者特别是新晋管理者都要保持如履薄冰的心态，这能帮助你避免很多麻烦，同时规避很多风险。

管理者错位表现之二：家族管理者高估了家族管理的公平性和有效性。

家族管理在民营企业中普遍存在，但是鲜有家族企业管理的成功案例。这是为什么呢？Amy 认为，核心原因是仅凭亲情拿到的中高管职位或是核心管理岗位，其实是常人眼中的将才或帅才才能胜任的岗位，这样一来，就大大削弱了企业良性发展的公平性和有效性。子承父业看似天经地义，但我们也应该认识到，企业不仅仅是一个家族赚钱发财的机器，更是一个社会螺旋式前进的助推器，有良知的企业必须对所有员工负责、对社会发展负责，家族企业中的 W 人群（企业管理者的父母、配偶及儿女）在这其中要发挥关键作用，他们必须提升自我认知能力。

给大家看一个案例。一个业务多元化的家族企业一直以来发展得都比较平稳，因为其家族管理观念比较开明。董事长有三个儿子，除了二儿子对酒店管理比较有兴趣，积极参与酒店管理外，医药板块和房地产板块都是聘请的职业经理人进行管理，其他两个儿子都专注在自己感兴趣的艺术和传媒领域发展。另外一个案例是，一个资产过千亿元的多元化发展的企业里，除了董事长基本看不见其他家族人员的身影，核心岗位都是聘请的职业经理人。

家族企业管理混乱，不能持续发展的重要原因就是过多的家族成员参与，企业当中财务、销售、市场、采购等核心岗位基本上都是家族成员，他们中的大多数人都没有专业背景，也没有受过专业训练，仅仅由于亲属关系提拔到核心管理岗位，这必然会给企业良性发展带来很大隐患。不可否认，选用亲属，信任度或许能够提升，但却不能提升管理者的水平和整个企业的管理效果。人性的复杂使得管理者的心态千变万化，这些靠关系提拔的管理者很有可能凭借董事长的权威野蛮管理；或是以企业发展为借口，对外聘员工吹毛求疵，纠缠于他们的小失误，打小报告，小题大做，兴风作浪；更有甚者，认为这是中饱私囊的绝佳机会，通过各种小伎俩谋私利，完全辜负了董事长的一片信任。

新时代，家族企业良性发展的命脉在于尊重专业和热爱的价值。对于 W 人群来说，首先要勇于尝试。通过不断提升自我认知，充分认识到自己的专业程度和对企业的热爱程度，在家族企业中找到最适合自己发展的平台和位置，先主动实践一段时间。如果发现自己不适合，就要尽早退出。其次，要调整心态。作为长辈，不要强求晚辈去实现你未完成的心愿，毕竟你的初心是希望晚辈健康快乐。作为晚辈，也不要盲目接受父母之命。最后，做你自己！做你自己！做你自己！重要的事情说三遍！如果发现自己的专业和兴趣都和家族企业毫无关系，可以主动选择一条适合自己的路走，同时，可以给家族企业的发展提出建设性意见并推荐更合适的职业经理人。

有一点需要在这里提醒那些晚辈们，生活中的那些热爱绝大部分都是相对的，当你 30 岁回头看时，可能会发现 20 岁时那些所谓的热爱其实有点幼稚，但如果当时你不主动去尝试一下，也不会有这样的感悟。所以，对于那些必定要继承家族企业的晚辈们来说，是要在年轻的时候闯荡一下，还是乖乖地直接进入企业，就需要好好地思考一番了。如果能够从大格局、大视野、大情怀着眼，放下小我，找到自己的兴趣和家族企业发展的契合点是最好的，用这种方式不断修正自己的人生规划，边实践边提升，为登上更广阔的舞台进行积累。

当然，作为长辈们也要用更包容、更开放、更长远的心态去和 W 人群产生共鸣。比如，为 W 人群结交良师益友创造机会，好朋友是 W 人群健康成长的催化剂，希望他们见贤思齐、从善如流；或者主动示弱，让 W 人群阶段性协助自己进行管理工作，激发他们的兴趣，唤醒他们经营企业的基因，让他们获得美好的管理体验。最关键的是，长辈们要用爱去关心 W 人群。身为家族管理者，过于繁忙的工作，使得他们疏于与亲人的交流，巨大的工作压力也很可能导致情绪变化，使得

W 人群不能在一个平和的环境中生活。更严重的是，一些 W 人群在这样的环境中染上了赌博、酗酒等恶习，根本无法参与企业正常管理。Amy 有个提议，企业管理者应当把和 W 人群的情感当成一家企业来经营，和企业文化一样，家文化也同样重要，和睦温馨的家庭是个人奋斗和企业成长的基石。

在 Amy 看来，对一件事情上瘾，在某种程度上是一种缺爱的表现。要戒掉瘾，除了遵循科学方法以外，还要相信爱的力量。爱的具体表现有尊重、关心和温暖。对那些已经对某件事情成瘾的人，不要过于激进，动辄就指责打骂，更不要过于消极听之任之，置之不理，因为冷暴力更可怕。正确的做法是拿出时间和精力去陪伴和交流，要做好长期持续投入时间和精力的准备。高效的陪伴和交流不是简单的时间或者空间的重叠，而是情感的互动和共鸣。关心他、体贴他、安慰他，这些都是看似简单的道理，但是知易行难。如何恰如其分，如何持续保持，如何让他感觉到你的爱，这是爱的功课，是终身的功课，或许比你富可敌国更有意义。至于如何去爱，因为每个人需要爱的方式不尽相同，这就需要你不断学习和实践。但是切记，不要想当然地以为送他昂贵的物品就是爱，他要什么给什么就是爱，更不要把你认为的爱强加给他。

爱的表达是有共性的，比如拥抱，不要小看拥抱的力量。英国赫特福德郡一对早产龙凤胎，出生时因呼吸困难，分别安置在不同的氧气箱接受照顾，但未有起色，甚至一度生命垂危。于是，母亲要求将双胞胎宝宝放在一起，随后神奇的事情发生了：两人目不转睛地凝视对方，又伸手互相触摸与拥抱，更令人惊喜的是，他们的健康状况自此大大改善，之后终于可以出院回家。许多人都说双胞胎有着难以解释的心理联系，尽管医学界对此未有正式的说法，但类似的事情过去亦曾发生，这被称为“救命的拥抱”（Rescuing Hug）。

心理学研究表明，拥抱和触摸有利于心理健康。那些经常被触摸和拥抱的人要比缺乏触摸和拥抱的人心理健康很多，有一句英语谚语说的就是这件事：“每天需要 3 个拥抱才能活下去，另外 3 个拥抱才能神采焕发。”因为传统和习惯的原因，中国人很少拥抱。我们每天要和很多人接触，但缺乏真正的接触，使得彼此的身体保持着疏远的距离。家族管理者要经常拥抱 W 人群，从孩子出生开始，从和你的恋人相爱开始，从第一次不自然地拥抱含蓄的父母开始。尤其是那些对某件事成瘾的 W 人群，他们的瘾或许是缺爱的表现，是缺爱后的放纵，就像婴儿的哇哇大哭提醒我们去拥抱他们。要相信拥抱是爱的表达，是提升身心健康的无价良药。

爱是包容的。身心正常的人都离不开身边人的包容，更何况是那些成瘾的 W 人群。他们的瘾其实并不是他们真正想要的，只是因为清醒时他们很痛苦、很自责，所以要沉浸在另外的世界中麻痹自己。他们成瘾的今天可能是因为你以前对他们没有尽责，所以，在宽容自己的同时要包容对方，帮他们走出泥泞。如果你作为他们最亲近的人都无法宽容他们的行为，那么，就不要企求陌生人会给他们提供帮助。中国人习惯把礼儿留给陌生人，但我想倡导的是，要把礼儿留给最亲近的人，哪怕忍无可忍，也不要面露狰狞，口出恶言，至少要以礼相待，千万不要用错误的做法推他们到更大的深渊，要用最宽容、最敏锐的心和最大的包容度拉他们一把。相信包容的爱可以拯救他们。

爱是温暖的。作家兼讲师里欧・布斯加利亚曾经谈到一次比赛，当时他被邀请去当评委。那次比赛是要评出最有爱心的小孩，获胜者是一个四岁的小男孩。这个四岁小男孩的邻居是一位新近丧妻的老人，小男孩看到老人哭泣，便走进他的院子，爬到他的膝上，然后坐在那儿。后来小男孩的妈妈问他跟老人说了什么，小男孩说："我什么也没说，只是和他一起哭。"小男孩的话瞬间让我们明白，陪伴他人一起笑是温暖，陪伴他人一起哭也是温暖。

我发现很多企业管理者的表情都很严肃，缺少笑容；与此同时，我在面试时也会遇到一些缺乏自信的候选人，他们中的大多数人都有一个严厉的家长。Amy 建议管理者多笑一笑，中国有句古话："一笑解千愁。"当然，不要为了笑而笑，而要通过笑容释放你的善意、关心和理解，笑容里有温度，它会温暖你身边的人。

湖南卫视的《快乐大本营》办了 20 多年还有这么多人在看，最重要的原因就是它给大家带来了快乐，谁会主动拒绝快乐呢？在 W 人群戒瘾的过程中，一定要陪伴他一起去体验更有创造力的快乐，比如定期去探险，去世界各地旅游，体验各种运动等，和他一起笑、一起哭，像知心朋友一样温暖他，相信有一天他也会温暖你。分享哲学家阿尔贝·加缪的一首小诗：

"不要走在我后面，因为我可能不会引路；不要走在我前面，因为我可能不会跟随；请走在我的身边，做我的朋友。"

永远做你所爱之人的朋友，温暖的朋友。

管理者错位表现之三：对管理者职位缺乏富有智慧的洞见。

中高层管理者特别是高管，经常会有高处不胜寒的感觉。Amy 在畅销书《完美跳槽》（清华大学出版社，2017）中曾经提到，大多数中高管职位不仅意味着高职高薪，更意味着高压力、高强度、高风险，还有更少的闲暇时间。其实，管理者并不仅仅属于工作，还属于他的家庭和业余生活。很多管理者因为对权力和成就有很强的欲望，所以他们会舍弃一定的闲暇时间而将更多的精力投入到职场上，长此以往，不可避免地会迷失自我，因此错过了经营美好爱情和美好亲情的时机以及养育子女的时机。Amy 觉得这是舍本逐末的表现，对于那些能够阶段性放下对权力和成就的欲望的人，Amy 总要为他们手动点赞，他们的选择值得我们借鉴。

陈先生是一家企业的高管，在父亲生病住院需要长期治疗的时候，他果断选择了辞职。在此期间，他担任公司的顾问，获得了可以自由支配的时间。在医院里悉心照顾父亲半年多，父亲康复出院之后才重新找工作。王先生也是一家企业的高管，太太出车祸住院期间，他义无反顾地放弃了高职高薪，在家照顾太太整整一年，等太太完全康复后才选择重回职场。刘先生作为中层在公司服务多年，多次放弃异地派遣的高层职位，原因是双方父母年事已高，两个孩子都还小，宁可职位低一些，可以多一些时间和精力照顾家庭。

三位先生的选择背后都充满了对中高层管理岗位的洞见，这样的岗位在如今的商业环境中都意味着不同方面、不同程度的透支——身体的透支、时间的透支、资源的透支等。我们应该放下欲望，放弃那些不要亲情、友情、爱情也要成全自己欲望的行为，珍惜自己身而为人的机会，珍惜身边的人。

在选拔中高管的过程中，我们经常会倾向于高智商的管理者。但是，瑞士洛桑大学发表在《应用心理学杂志》上的一项最新的研究结果告诉我们，高智商的人在领导力方面效率较低。布里奥妮·哈里斯是世界经济论坛·达沃斯博客的资深作者，她在一篇文章中介绍了这项发现。瑞士洛桑大学的研究对象包括 379 位欧洲私营公司的中层领导者，他们分别在银行、电信、酒店等行业工作，这些领导者的平均智商是

111，而普通人的平均智商是 100。每位研究对象都要完成一个问卷调查，用来测量他们的问题解决能力、理解能力、学习能力和适应能力。此外，研究人员还使用了 8 家不同机构对受访者的第三方评估，主要评估这些领导者表现出来的各种领导风格。研究发现，尽管年龄和性别会对领导风格产生一些影响，比如，女性和年长的领导者拥有更好的领导风格，但是，大部分领导者之间的差异是由个性和智商决定的。在一定范围内，智商与领导效率会呈现出正相关的关系，但当领导者的智商超过 120 时，上升曲线就会下行。哈里斯引用了英国心理学会的结论：当领导者的智商上升到 128 以上时，其领导模式的效率就会出现显而易见的降低，与智商没那么高的领导者相比，这些高智商领导者表现出的变革性领导力也更少。研究人员认为，造成这种现象的一个原因可能是，聪明人有时不能清楚地交流或解释复杂的任务，他们可能也很难看出其他人面临的挑战，而且，如果公司管理者过于理智，可能会显得孤僻或让员工们难以接近。

▲ 权变思维对策十三：提升人岗匹配度。

人岗匹配是指人和岗位的对应关系。每一个工作岗位都对任职者的素质有具体要求，只有当任职者具备的素质达到岗位要求时，才能最好地胜任这项工作，获得最大的绩效。一方面，企业创始人和人力资源管理要不断提升选人的科学性和公平性；另一方面，作为管理者要通过科学的自我分析提升自我认知能力，在自己最能胜任的岗位上发挥最大价值。

Tips1：

畅销书《从瘾君子到康复者》的作者英国喜剧男星拉塞尔·布兰德认为，我们之所以会上瘾，除了商家的宣传外，还有一个原因，就是我们没能看透消费社会“我买，所以我快乐”的陷阱。换句话说，抽烟喝酒、暴饮暴食等上瘾行为，都是在满足我们的个人欲望，都隐藏着“我快乐是世界上最重要的事情”的价值判断。所以，“以自我为中心”才是上瘾的深层本质。布兰德在书里总结了“戒瘾四步法”。

第一步是承认。布兰德说，当你管不住自己的时候，不如先承认自己就是有瘾。当然，这不意味着你要放纵自己。在承认欲望之后，你还要问自己下面三个问题：我对自己上瘾的现状满意吗？上瘾已经对我的人生以及人际关系造成了哪些伤害？目前的生活状态就是我想要的吗？如果不是，我想要什么“更高明的生活”？戒瘾第一步完成的标志，就是你找到了“比各种让你上瘾的欲望更想要的，一种更高雅、更文明的生活、事业或精神”。这时候你就可以进行第二步了。

第二步是改变。从物质角度来说，就是改变环境，比如很多人都喜欢刷手机，但是当坐飞机没办法用手机的时候，他就完全变了一个人。所以，如果想戒瘾，你就必须从清理周围的环境入手。另外，从精神层面来说，要抛弃“以自我为中心”的想法，拥抱一个比“自我”更强大的力量。那什么时候第二步算是完成了呢？布兰德说，当你很清楚你想要过什么样的无瘾生活的时候，你就可以走向第三步了。

第三步是陪伴。这里的关键不是找亲人朋友，而是找另一个也被上瘾困扰的人进行交流。因为两个有同样困境的人能理解对方的难处，并且能从对方的角度想问题。有一个和你拥有类似毛病的人并肩作战，你就不会觉得戒瘾的道路太孤单，也能收获别人真诚的建议。

第四步是乐观。因为彻底戒瘾毕竟是一件很艰难的事情，你要知道这是一个长期过程，要放松，不要想着一蹴而就。所以，保持乐观的心态很重要。

人在无聊的时候往往能够生发出最好的创意，这是因为当人们在走神发呆时，大脑会进入一种类似自动驾驶的“默认模式网络”状态，这种状态下更容易产生创意。

纽约公共电台主持人曼努·佐莫罗娣是《无聊是如何激发你的创意的》一书的作者，她在TED演讲中说：“为了写作这本书，她与脑科学家和认知心理学家进行了交谈。”英国中央兰开夏大学教授桑迪·曼恩是研究无聊的专家，她告诉佐莫罗娣，一旦人们开始做白日梦，让大脑神游，这时的大脑会忙着产生新的神经联结，把不相关的记忆碎片或者想法联系起来，就可以更好地构思和解决问题了。无聊还会促使人们做自传规划，即回想自己过去的人生，回顾最重要的关键时刻，创建个人精彩的故事，然后制订接下来的人生计划，并想出通过哪些步骤可以达到这个目标。

如今，人们的生活与手机密不可分，当你坐在沙发上时，也许会刷新闻，或是回复邮件，总之大脑很少有机会去神游，人们更倾向于同时做几件事情。神经学家丹尼尔·列维京告诉佐莫罗娣，每次人的注意力从一件事转移到另外一件事上时，大脑就会做一次神经化学转换，这会消耗大脑中的营养。当你同时做四五件事时，其实是大脑在这些任务间进行快速转换，这个过程会消耗大量给大脑供能的葡萄糖，这种供应也是有限的。佐莫罗娣建议，要重新思考自己和手机的关系，生活中要保留适当的无聊，这样对激发创意有帮助。

Tips2：

澳大利亚邦德大学和美国圣地亚哥大学的一项研究数据引发了业界的高度关注。这两所大学的研究人员对心理变态特征的研究颠覆了人们的常规思维，那就是通过对供应链管理领域的261名专业人士研究发现，约 21% 的人拥有“临床显著的心理变态特征水平”，如为了获得晋升可能会采取不道德，或是非法手段。这一数字之所以惊人，是因为临床显著的心理变态特征这一比例在普通人群中只占约 1%（在心理学领域，心理变态又被称为“心理异常”或者“心理障碍”，它指的是知觉、思维、情感、智力、意念及人格等心理因素等出现了异常）。

高管群体的心理变态会影响到一个企业的成长与发展，值得高管群体自身充分重视，也值得企业和社会给予足够的关注和重视。

△ 权变思维问题十四：管理者没有正确处理集权和分权的关系。

这是一个企业常见问题，也是很多专家学者经常探讨的话题，Amy 希望通过对真实案例的剖析，探讨过度集权和过度分权的扭曲表现和反思。

表现之一：过度集权。

过度集权的缺点是会使企业管理缺少弹性和灵活性，下级产生依赖思想，不愿意承担责任，组织懒散，缺乏创造性，效率低下。那么，为什么很多公司里的过度集权现象屡禁不止呢？

Amy 经常见到职场现象 A——某公司副总裁是老板的弟弟，财务总监是老板的亲戚，总经理是老板的大学同学。不可否认，有些亲朋好友对于特定岗位是绝对胜任的，加上老板的信任，这些亲朋好友开展工作如虎添翼，但毕竟这样的亲朋好友数量很有限。如果老板或者高管在用人上的原则不是任人唯贤，而是任人唯亲，那么，这样的管理者人员构成势必存在潜在的管理风险。这里提到的“亲”包括亲人和信任的人。因为老板的信任大于天，一旦拿到老板的信任这张王牌，手握大权的管理者经常会犯集权的毛病。原因何在呢?

多数“亲”在岗位胜任力上都大打折扣，这就造成他们的心理安全度低，时刻都存在危机感。危机感的外在极端表现有两个，一个是放任不管，另一个是管理过度。放任不管的现象很容易暴露出来，而管理过度就比较隐蔽，很有可能正和老板心意，因为有些老板就是集权派，也有可能让老板感觉打小报告的人小题大做。渐渐地，集权文化就弥漫在企业里，企业的发展变得步履蹒跚。除非老板改变对权力的迷恋，否则企业停滞不前或者倒退的危机会一直潜伏着，直到爆发。

还有一种职场现象B——老板对权力的过度迷恋，其表现形式五花八门。有的老板要亲子参与公司前台招聘，有的老板要求所有员工给他唱赞歌，大会大唱，小会小唱，这样的老板不在少数，他们无节制地彰显个人威严，要求所有员工对他的命令绝对服从，把自己当成神，同时要求员工供奉着他。一旦员工发表了有损他威严的话，就会给员工恶果子吃。更有甚者，事无巨细地过问所有工作细节，无视管理边界，自己累得透不过气来，还招来员工的抱怨。我曾经遇到过一位大型集团公司的高管，工作已经非常繁忙了，但是所有大会小会的PPT他都要自己做，不让助理分担任何工作，就连标点符号都要亲自修改。这是典型的自视清高和完美主义泛滥，也是对权力过度迷恋的表现，最后，这位高管不但职位不保，也把企业带入了发展的泥潭。

表现之二：过度分权。

过度集权的另一个极端是过度分权。社会心理学家费伦奇和雷文将权力基础定义为一方对另外一方施加权力的源泉或根源。他们列举了五种权力基础：奖励权、强制权、合法权、指导权和参考权。过度放权主要是由老板自身原因造成的，比如有的老板以为请一个专家来自己就可以当甩手掌柜了，殊不知这有可能是外行领导内行，隐患很大。所以老板们切记：放权不等于放任。有的老板社会责任心不够，把企业当成个人的玩物，对于员工的管理美其名曰是对他们的锻炼，其实是放任不管，这会给企业带来很大的损失和伤害。

▲ 权变思维对策十四：正确处理好集权和分权的关系。

管理者必须高效地利用授权机制，恰如其分地授权。同时，辅助以完善的激励机制。日本松下电器创始人松下幸之助说："授权可以让未来规模更大的企业仍然保持小企业的活力；同时也可以为公司培养出发展所必需的大批出色的经营管理人才。"

Tips：

在工作和生活中，我们有时会遇到复杂、棘手、风险又高的问题，这些问题被哈佛商学院教授约瑟夫·巴达拉克称为灰度问题。你背负的责任越大，可能面临的灰度问题就越多。怎么才能解决灰度问题呢？巴达拉克在新书《灰度决策》中提出了解决方法。

巴达拉克认为，解决灰度问题最好的方法就是回答以下五个问题：

第一，所有可能出现的结果是什么？回答这个问题需要你和其他人一起全面、诚实、客观地思考所有当下情形里的重要因素。如果你必须要对灰度问题做出决定，首先要做的是拦下"火车"，也就是避免自己或其他人草率下结论。巴达拉克介绍，灰度问题很少能靠个人的直觉解决，这时需要你把对正确答案的直觉放到一边，找到拥有经验和专业知识的人，一起认真规划如何处理难题。

对于需要解决灰度问题的企业管理者来说，可以制作一个简单的决策树：第一步，列出所有能够解决问题的选择；第二步，你要努力填充每个选择可能带来的结果，包括每个结果可能引发的不同寻常的后果。

巴达拉克建议，管理者可以把决策团队分成几个小组，独立分析工作和行动计划，鼓励他们独立思考；还可以让其中1~2个人扮演唱反调的角色，他们的工作就是对团队达成共识的观点提出最有力的反对意见或结论。

第二，我们的核心义务是什么？回答这个问题需要问问自己，你对伙伴、公司其他人有什么义务。当你面对灰度挑战时，巴达拉克建议，你应该人性化地解决它，把自己当作“其他人”——局外人或是受害者，然后带着想象和同情思考其他人的经历。“你要努力从你自私自利的牢笼中逃出来。你要努力尝试自己或者和其他人一起想象，如果自己就是那个人的话会怎样想？真正需要的、想要的是什么？”

第三，现在有哪些因素在起作用？这个问题需要你高度注重实际情况，用尽可能现实的眼光看待危机、不确定和大环境。不管喜欢与否，人们总是会受到权力和利益的影响，它们有时还会给你带来新的抉择和危机，这时候画出一个权力领域的关系图就很重要。比如，当你在公司遇到一个复杂问题时，就可以画一个与公司权力和利益有关的图，好好想想大家都要什么东西？他们有多想要这个东西？他们的权力有多大？搞清楚这些，能帮你预见到之后的抉择和危机。

第四，想清楚“我们”代表的是谁？遇到问题时，人们常常建议管理者要做出能够代表组织的选择，这就需要把组织的规范和价值放在前面。巴达拉克认为这种做法很危险，因为组织的规范和价值有时很晦涩、模棱两可，不利于做出决策。碰到灰度问题时，有些管理者想在第一时间做分析，他们会想自己要做什么并开始做这件事。巴达拉克说：“回答‘我们是谁’这个问题，能帮助管理者从细微和复杂的地方收回目光，从新的角度考虑问题。”

第五，我能接受什么？有时不管你多么努力地分析和思考，也找不到灰度问题的答案。巴达拉克说："这时你要创造答案，你需要做出自己能接受的决定，从而得出答案，这就是解决灰度挑战的方法。"对于企业管理者来说，除了要做出灰度决策，进一步实施相应计划之外，还必须清楚且有说服力地向其他人解释这些决定。

以上就是巴达拉克分享的解决灰度问题的方法，供你参考。①

① 【美】小约瑟夫·巴达拉克．灰度决策：如何处理复杂、棘手、高风险的难题［M］．唐伟，张鑫，译．北京：机械工业出版社，2018.

完美管理7思维
第2课 个人品牌思维

本部分重点：在这样一个竞争激烈的时代，个体的价值被认可比什么都重要，只有建立起具有鲜明个性的个人品牌，并让大家真正理解，才能拥有事业持续发展的驱动力。同时，管理者需要重塑自我的勇气和行动力，让个人品牌常青。

管理者自我重塑的七个问题

△ 个人品牌思维问题一：管理者的个人品牌为何如此重要?

刘毅是一位名校高才生，毕业后通过管培生培训计划的选拔进入了一家大型国企，在其子公司从事人力资源工作。经过八年脚踏实地的努力，从基层员工做到子公司人力资源总监的刘毅并没有满足，他希望获得更大的发展。但是，集团人力资源职位很稀缺，即使将来出现了职位空缺，竞争也会很残酷，存在诸多不确定性。同时，刚为人父的刘毅上有需要赡养的父母，下有嗷嗷待哺的孩子，一线城市的生活成本、教育成本非常高，加上每月还房贷的压力，刘毅深感必须尽快改变现状。于是，他完善了一份简历，通过猎头寻找市场机会。

凭着深厚的学历背景和系统、专业的上市公司人力资源管理经验，刘毅很快拿到了一个民营企业 H 集团人力资源副总经理的职位，相应地，薪酬也得到大幅度提升。一年的民营企业的从业经历，让习惯了国企规范化管理的刘毅在迅速成长的同时，也产生了困惑。民营企业的发展路径比较激进，一年调整了三次组织架构，这让作为人力资源副手但对业务充满热情的刘毅深感尴尬，入职一年后，他主动调岗到了一个新业务板块做总经理。学习业务知识，拜访客户，谈各种合同，刘毅每天的工作都是围绕建立新团队展开的，这些工作也让他充满了热情和干劲儿。但是国家颁布的一个最新政策却让刘毅团队有点望而却步，因为未来国家将对刘毅负责的新业务领域实施异常严格的监管，这对刚开展新业务几个月的刘毅来讲简直是致命的。通过几次高管会议讨论，集团决定暂停这项新业务。

刘毅深刻理解集团的战略调整，但是面对自己的职业规划，他再一次陷入深思。人力资源部总经理希望刘毅回到人力资源部，继续做副总经理，虽然表面上没有回绝，但这是刘毅不愿意接受的。同时，他看到的不仅仅是新业务被整体砍掉这一点，而且作为没有任何实业依托，单纯以金融为核心业务的 H 集团的发展也将会受到宏观政策的影响而走下坡路。

面对这样的情况，刘毅和圈内好友聊到他的心思。同时，也有相似业务领域的高管向他抛出了橄榄枝，让他负责一个相对小的业务板块，担任总经理。这位高管的企业在业内是有规模的，虽然国家政策监管非常严，但对他所在的企业影响不是特别大。与此同时，猎头朋友也在积极帮刘毅寻找机会。Amy 跟刘毅强调的一句话是："这个时候，看看外面的机会没有什么坏处，只会给你提供更开放的视角，帮你决定下一步该如何走。刘毅认同猎头朋友的观点，对于几个还不错的机会也积极地进行了沟通。

不到两个月，刘毅就拿到了三个 offer。分别是杭州一家国企的人力资源总监，上海一家上市公司的人力资源总经理和北京的一家非上市民营企业的人力总监，三个 offer 各有利弊。杭州的是国企，是刘毅熟悉的工作环境和文化，而且各种福利都很好，还可以解决户口和小孩上学的问题，薪酬待遇在当地也算是非常好的。但是在这个年龄离开一线城市去二线城市发展，离开民营企业回归国企是不是好的选择呢？上海的上市公司是一家以实业为主的集团型公司，目前正处于高速发展阶段，该公司提供的是人力资源部一把手的职位，而且薪酬待遇也很不错。其老板是一位知识型领导，在以往的工作中，刘毅与其有过交集。但是，该公司的人员流动性很大。北京的职位是一家非上市公司的人力总监，公司业务跟刘毅以前任职的公司比较接近，薪酬待遇也不错，公司老板是一位草根创业领导。但是，如果到这家公司工作，就要离开上海的家，而且同样听说公司的流动性不小。

面对三个 offer，刘毅和猎头朋友 Amy 进行了一次深入的交流。Amy 是一位专注于高管的猎头公司老板，她开门见山地说出了自己的想法："其实，你现在不止有三个 offer，算上朋友推荐和你现在的工作，至少有五个甚至更多的 offer。面对这么多选择，一定要站在职场发展战略的高度去思考，要从四个维度进行职业规划：第一个维度是职业定位。选择专业领域还是继续转型做业务？第二个维度是企业性质定位。选择民营企业还是国企？第三个维度是企业规模和行业定位。选择哪个行业的企业？上市公司还是非上市公司？第四个维度是家庭稳定性。我个人认为职业发展已经踏入新择业时代，新择业的"新"就是要有新观点、新视角、新洞察。职场是人生的一部分，职场的发展是为了更美好的生活，而家庭是生活中最重要的单元。

所以，为了家庭的和谐与稳定，你应该首选上海。你的孩子马上要上幼儿园，妻子又是一位忙碌的职业女性，两位老人年龄都比较大了，为了照顾家庭，你的工作最好不要离家太远。为了相对好一点的工作而疏忽了家庭，在我看来是最得不偿失的，任何物质的满足都弥补不了朝夕相处的家人的陪伴。李开复老师在他的访谈中谈到，他生病时最大的反思不是事业还没有做到期望中的程度，而是过于忙碌的工作剥夺了他陪伴家人的时间。

从另一个角度来看，作为职业经理人，建立自己的个人品牌是最关键的，尤其是可以商业化的个人品牌，通俗地讲，就是如何让自己在职场更值钱？你真正做业务的时间不超过半年，还非常缺乏业务管理经验，所以在专业度上没有竞争力；而且新业务由于国家政策限制，未来的发展前景并不明朗，而你在人力资源领域扎扎实实地做了近十年，已经做到了规模化和专业化程度非常高的国企人力资源总监的位置，就这样放弃未免太可惜了，放弃的成本也非常高；通过各种分析和专业测试我了解到你的个性偏好是守业者，不是创业者；还有，凭我的观察，我认为你对人力资源管理还是充满热情的，之前的离职可能受到你的领导管理缺陷的牵连，从而压抑了你部分工作热情和主动性，但那并不是你厌倦了人力资源管理工作。所以，从这五点来分析，当下最明智的做法是暂时放弃继续转型做业务的想法，在人力资源领域深耕。

选择在人力资源领域发展，就要关注市场上最有价值的几个人力资源高管的核心标签——多元化集团、上市公司、人力总监。你是人力资源总没错，但是缺乏一个多元化上市集团公司的背景，上海这家集团虽然不是第一梯队的多元化集团，至少能够排进二三梯队，而且职位又是一把手，我认为是相对不错的选择，可以为你的个人品牌建设加分。

交流中刘毅表现出了对公司流动性的担心和对陌生行业的未知，Amy 表示非常理解，并和刘毅分享了自己的心得。其实，人员流动性这个问题没有一家企业能够完全避免，这是客观事实，我们只有正视流动性，才能有的放矢、顺势而为、主动出击。不要盲目乐观地期待可以在一家企业稳定地工作四五年，要抱着工作一两年的心态，因为只要工作一两年，就会有收货，都值得去尝试，都是不可多得的为个人品牌增值的好机会。对陌生行业的未知更没必要过于担心，你有两家不同行业企业的服务经验，应该清楚地意识到管理是相通的，而跨界将成为新择业的重要趋势。只要拥有跨界思维，管理者就不用担心陌生业务带来的挑战，但是要花时间和精力用心学习。

选择在什么性质和规模的企业发展其实也是很重要。就刘毅这个案例来讲，重回国企不是上策，虽然刘毅对国企熟门熟路，但是在国企发展的局限性他也看得一清二楚，甚至可以看到自己十年后的样子。而民营企业近年来发展迅猛，专业化、系统化、流程化的管理人才缺口很大，但是其人员流动性大成为很多职业经理人谈民营企业色变的主要原因。

那么，“明知山有虎偏向虎山行”的职业经理人应该如何避免快速阵亡呢？后面的章节我们会详述，这里分析三个众所周知的核心要素。第一个要素是企业在产业发展中的定位，择业偏好是朝阳产业；第二个要素是企业发展的周期，择业偏好是企业发展的高成长阶段；第三个要素是企业的人才结构，择业偏好是知识密集型企业。但是选择再好的企业，如果遇到不靠谱的老板照样是竹篮打水一场空。切记：选择老板比选择企业更重要！后面的章节会有详述。对于名校硕士研究生毕业的刘毅而言，面对上海的知识型领导和北京的草根领导，抛开其他因素不论，上海的领导一定是他的首选，因为学历相差不远的上下级沟通成本低于学历悬殊的上下级。当然，我们不是鄙视文化程度不高的老板，而是担心他们的自以为是。

▲ 个人品牌思维对策一：提升个人品牌价值。

个人品牌价值实际上是个人商业价值的综合体现，它是一种无形资产，尤其是商业化的品牌价值。所以，我们要了解自己所在专业领域高附加值的高溢价品牌元素，对标这些元素，查漏补缺，不要在意一两年物质和职位上的得失，要关注个人品牌增值与否。你所服务的企业的背景就是重要元素之一。在职场上，一家明星企业的背景之于职场人士，就像一家名校的背景之于毕业生一样，明星企业常常被称为行业内的“黄埔军校”，在明星企业服务过的人自带光环。宝洁公司就一度被称为快消行业的“黄埔军校”，复星集团的投资板块被很多圈内人称为投行中的“黄埔军校，BAT（中国三大互联网公司首字母缩写，B为百度、A为阿里巴巴、T为腾讯）被称为互联网行业的“黄埔军校”。所以，如果初入职场就有机会进入明星企业要义无反顾，在职场发展多年的管理者，如果有机缘进入明星企业也不要轻易放弃，要大胆争取和尝试，因为这样的经历一来可以提升个人品牌价值，二来可以学习明星企业管理上的战略战术以及先进的技术技能，三来可以拓展高质量和高附加值的人脉资源，他们当中的有缘人士很可能会成为你将来创业的合伙人，职业发展的导师、互帮互助的朋友或者是得力的助手。我们应该意识到，有时候职场中镀金的意义远远超过我们的想象，看似细细的那一条金边，往往能够迅速而有力地提升人在职场中的辨识度。

△ 个人品牌思维问题二：管理者如何打造软实力？

Jason是一位服务于世界500强企业多年的高管，其企业属于快消品行业。在民营企业异军突起，行业内的竞争愈发激烈的时候，Jason所在的企业却因为对中国市场缺乏深入调研，发展战略不适合，且调整速度慢导致中国市场业绩大幅下滑。加上市场开拓费用连年减少，企业的支持力度不断减弱，使得已过中年的Jason深感压力倍增。看到了职业发展局限性的Jason立刻投入市场寻找新的机会。

不久就有三家企业给Jason发出了入职邀请，一家是国企，一家是民企，一家是外企。Jason 和猎头朋友 Amy 冷静客观地分析了这三个机会。显而易见的是，外企肯定不能作为首选，因为从宏观环境来讲，多数外企已经过了在中国发展的鼎盛时期。俄罗斯学者布留索夫有一句名言："If possible，walking ahead of time；if not，walking with the time and never be lagged behind（如果可能，那就走在时代的前面；如果不能，那就同时代一起前进，但决不要落在时代的后面）。

抛开宏观环境来讲，如果跳槽外企，除非是高管职位，否则意义不大，因为绝大多数外企管理者的职责都侧重执行，很少涉及战略决策，达不到历练的目的，还不如原地不动。Jason 现在服务的就是一家外企，外企对老员工，特别是高管的待遇还是非常人性化的，所以，在工作地点、职位和薪酬都没有显著变化的情况下，跳槽其他外企意义不大。

依照中国的现状，国企和民企的发展越来越有活力和前景是大势所趋，跳槽也要顺大势而为。这家国企的平台看上去不错，很稳定，而且是一个混改企业，有市场活力，发展前景也很好。而且，Jason 曾经有国企从业经历，对顺利融入企业文化还是很有信心的。问题是，它们提供的是一个副总经理的职位，这样一个职位对于 Jason 来说还是有点尴尬的。Amy 也认为副总经理的职位有点微妙。职场中，在副总经理身上经常会发生权责利不对等的现象，如果副总经理的汇报对象不是老板时，他的位置就会更加尴尬。作为副总经理空降到一家国企是一件极具挑战的事情，因为要时刻面对主客观原因带来的问题，并思考解决对策，所以很容易让自己陷入被动局面，与其这样，还不如果断放弃。

第三个是一家民企，这家民企提供的职位是集团战略部副总裁，可以直接向老板汇报工作，而且无论从国家政策环境看，还是从民企自身发展前景看，都是值得期待的。但是多年在业务管理上担任一把手的经历让Jason不愿意转向战略部的职位，战略部侧重策略型、研究型和规划型的工作，与Jason过往的经历不匹配，也不符合Jason的职业发展意愿。Amy也高度认同Jason的想法，认为他现在已经进入职场发展的黄金年龄段（40~50岁是职场管理者黄金年龄段），而且已经认识到了自己的核心能力和发展的核心领域，所以不应该再分散精力到其他地方。

这样看来，以上三个机会都不太适合Jason，Jason自己也觉得不着急跳槽，可以再看看。Amy对Jason的不急不躁表示认同，因为管理者跳槽不是小事，尤其是对高管而言，如果没有遇到合适的机会就耐心等待，同时可以在集团内部和外部给自己争取更多新机会。集团内部可以尝试调岗，集团外部可以通过自己的人脉圈了解行业人才需求信息，珍惜呵护弱关系，注重和人脉资源丰富的人持续互动。用开放的心态跟企业老板或者高管交流，收集对自身职业发展有用的信息。跳槽需要天时、地利、人和，比较明智的做法是给自己半年到一年的时间寻找市场机会，切记不能急于做决定。与其为了一个不满意的职位搞得心绪不宁，陷入被动跳槽的漩涡，不如原地不动，等待更好的时机，也许正在服务的企业也会经历战略、市场以及团队的调整和变化，而机会就蕴藏在这些调整和变化里，身为老员工，更加能够在其中占得先机。

在耐心等待机会的半年多时间里，Jason服务的企业发生了大变化，新来的老板调整了业绩指标，Jason的压力没有之前那么大了，工作的开展也顺畅起来，但是Jason仍然需要适应新老板的管理风格。Jason发现，从工作能力上看，他完全能够胜任现在的职位，完成业绩指标，但是与新老板之间的信任度的建立却是个不小的问题。正当Jason琢磨着如何化解这一问题的时候，外部市场出现了一个新机会，一家知名民营企业向Jason抛来了橄榄枝。通过与董事长进行了几次深入细致的交谈，

Jason 非常欣赏董事长的人格魅力，对该企业的发展战略也高度认同，更重要的是，董事长为他提供的是总经理的职位，薪酬虽然没有大的涨幅，但是多了股权激励。面对这样的条件，Jason 是留还是走呢？

Jason 一方面通过各种方式了解到，现在服务的企业的新老板比较喜欢用自己培养过的老下属，有几个部门的同事已经被换掉，他觉得如果继续干下去，被换掉或是调整到非核心岗位的概率非常大；另一方面这家民企提供的机会确实不错，虽然薪酬涨幅不是特别满意，但是长期的股权激励还是很有吸引力的，股权变现已经成为当前职业经理人实现财务自由的一条罗马大道。

对于这个机会，Amy 建议大胆尝试。第一，中国人在外企供职不是长久之计，因为升职的天花板有目共睹。第二，股权激励不是每家企业都能提供的，如果提供股权激励，说明老板是想寻找合伙人。第三，这家民营企业是明星企业，管理相对规范，人员流动性也不是很大，规模和行业地位跟 Jason 现在服务的企业差不多，所以管理手感相似，外部合作商结构和沟通合作的方式方法以及内部管理结构和运营模式都可以借鉴现有的经验和数据。第四，也是很重要的一点，你的职业生涯已经有在国企和外企服务的经历了，但民营企业的服务经历还是空白，从个人品牌增值的角度来看，增加民营企业的服务经历，特别是明星企业会加分不少，具有多种企业服务经历的复合型管理人才是市场的稀缺资源。综合考虑，Amy 觉得虽然这次机会有一定的风险性，但是值得一试。

▲ 个人品牌思维对策二：事缓则圆。

个人品牌增值不仅要靠硬实力，也要不断完善软实力，最重要的软实力就是性格，性格修炼是职场必修课。从某种程度上来说，跳槽的过程就是一场心理战争，需要不断地说服自己、突破自己，才能达到一个全新的境界。风物长宜放眼量，唯有丢弃急躁、焦虑和慌张，放平心态，完成自我修炼，以宽阔的胸襟和长远的眼光看待未来，才能换来更为长久的发展。套用《孙子兵法》中的一句话："知可以战与不可以战者胜"，我想说："知可以跳与不可以跳者胜"。

△ 个人品牌思维问题三：管理者如何成为职场中的"奢侈品"？

随着竞争的日趋激烈，各大院校的毕业生们为了自己的前途都使出了浑身解数，但是即将从非知名本科院校毕业的小涵却从容淡定，因为她手上已经有了几个心仪的 offer，现在只需要认真思考选择哪一个。从进入大学的第一天开始，英文专业的小涵就暗暗决定要辅修一个经济学第二学位，因为她认识到英语只是一门语言工具，必须充分利用大学四年时光让自己的知识结构更多元化、市场化，更有竞争力。经过全面的比较，小涵最终选择了一家 500 强公司人力资源方面的职位，因为小涵觉得，比起其他企业略高的薪酬和职位，500 强公司的品牌价值和人脉价值最高，而且可以学习到更多的东西。

五年的时间，小涵经受住了很多诱惑，在老板都换了三任的情况下，安心在这家 500 强公司里接受历练，成为人力资源经理。这个时候，给小涵打电话的猎头越来越多，但是小涵依旧没有动心，她又继续在这家制药企业里工作了三年。其间轮岗做 HRBP（HR Business Partner，人力资源业务合作伙伴），让样的尝试使得小涵不仅熟悉了人力资源专业，对行业和业务的理解也更加深刻，她得出了人力资源专业性+业务熟悉度+行业熟悉度=行业内更有价值的人力资源的结论。

小涵服务的是一家 500 强外企，几年的时间让她意识到了自己在同类型企业中发展的天花板，身为人力资源高级经理的她，决定寻找市场机会，到其他企业中挖掘自己的潜力。几个月下来，小涵收到了三个职位邀请，一个是知名互联网企业的事业部人力资源总监职位，向人力资源副总裁汇报工作；一个是马上要在新三板上市的民企制药企业的人力资源总经理职位；第三个是她在那家 500 强企业的高管同事，是一位海归，一年前辞职创业，给小涵的职位是人力资源总经理，可以直接向老板汇报工作。

三个机会哪个对小涵的发展最有利呢？可以用排除法来进行选择。刚创业的公司规模不到 50 人，还处在从 0 到 1 的发展过程中，虽然和前高管同事之间有信任基础，但是企业的平台太小，小涵所能贡献的价值也很小，从 0 到 1 不是小涵擅长的。整个企业的发展前景也不够明朗，风险系数偏高，所以第一个被排除。那么，待上市的制药企业和知名互联网企业选择哪一个呢？这个问题有点纠结。

小涵邀请 Amy 喝茶，一起探讨剩下的两个 offer，Amy 谈了自己的看法："去互联网行业发展看起来是加分项，可以提升个人职场价值，但是就你个人情况而言，还需要慎重考虑。第一，从行业来讲，制药行业是门槛比较高的行业，人脉圈也相对封闭，你深耕制药行业人力资源八年，离开自己熟悉的行业成本太高。第二，从汇报对象来讲，走人力资源管理路线的，一定要尽可能争取一把手职位，因为一把手职位可以直接向老板汇报，让老板看到自己的真实水平和业绩，这非常重要。一把手职位可以让你纵观整个企业人力资源全貌，让你有操盘人力资源部门的手感。有些能力很强的下属经常会被不自信的部门老大视为威胁，从而招致各种排挤，如果是一把手的话，就能省去大量部门内应对办公室政治的时间和精力，省下来的时间可以花在研究业务上。第三，不要高估互联网公司给个人带来的价值。互联网公司在迅猛发展的同时，也会存在各种管理上的挑战，同时每个互联网公司的文化也迥异。据我了解，你想去的那家互联网企业奉行狼性文化，而且人员流动性很大，人力资源总经理是财务出身，没有人力资源专业背景，非专业人员管理专业人员会存在很多矛盾和隐患。如果是互联网行业中的中小企业人力资源管理者，有机会当然要去知名互联网企业镀金，有了知名企业这样的大平台，再加上民营企业的从业经历，必将获得更多民营企业的青睐。但是，你已然是从大平台走出来的，所以没有必要冒这个风险去跟互联网大潮的风。

小涵很赞同 Amy 的说法，也不想轻易放弃经营了近十年的制药行业资源，但是那家互联网公司的老板和人力资源总经理在面试时对她大加赞赏，加上他们诚恳的邀请和提供的高薪，让小涵欲罢不能。Amy 告诉小涵，应该清醒地认识到，你在这家公司无法直接向大老板汇报工作，也就无法建立和大老板的直接联系。这样的局面是比较尴尬的。一旦你遇到的是一个不自信的上司，他表面上是在执行大老板的意图，内心可能已经把你看成了潜在的威胁。所以，切记：大老板的爱有时会让你光芒绽放，有时也会让你招致嫉妒，甚至是算计。

你的性格本来就比较耿直，这种复杂的工作环境非常不利于你的发展。反观那家即将在新三板上市的几百人的制药企业，你可以对人力资源管理团队进行重组和优化，加上老板对你的信任，你就可以专心做专业的事情了。还有非常重要的一点，就是你在 500 强公司的从业经历，你一点一滴积累起来的制药行业的宝贵经验，只有在成长性制药企业中才能得到最好的发挥和体现，你在制药行业内外企加上民企的从业经历，未来也将会大大提升个人品牌价值。小涵听了点点头，心里已经有了答案。

▲ 个人品牌思维对策三：打造复合型优势。

打造复合型优势是个人品牌增值的关键因素之一。管理者这个群体中人才济济，竞争异常激烈，如何能够从大批人才中脱颖而出，是需要从人才、市场和用人平台三方面综合考虑的。市场中人才的供需关系影响人才的市场价值，复合型优势是职场中的稀缺资源，而稀缺性的大概率导致对人才的高估值和高溢价，通俗地说，就是把自己打造成职场中的奢侈品。比如，传统媒体工作经历加上新媒体工作经历，就比单一的传统媒体工作经历有优势，物流行业工作经历加上互联网行业工作经历就更加如虎添翼，实体企业高管从业经历加上金融行业从业经历就会更有市场竞争力。所以，身在职场，一定要用心去洞察行业的发展趋势，特别是朝阳产业的人才需求特点，给自己量身定制一件具有稀缺性且附加值高的奢侈品嫁衣。

△ 个人品牌思维问题四：管理者如何学会包容？

陈小默是一家大型企业的事业部销售总经理，靠着突出的业绩，经过 8 年的努力，从销售专员一直做到销售总经理的位置。与集团其他销售总经理不同，陈小默的管理风格总是非常温和，做人也非常低调，给人温文尔雅，说话慢条斯理的感觉。他专注于业绩的提高，除了业务上的交流，其他时间都是少言寡语的，业余时间基本上都是在看书，或者陪伴家人，很少参加社交活动。陈小默自己也非常享受现在的工作和生活状态，如果能够以这样的状态工作到退休，也是不错的选择。

但是，由于集团进行了战略布局调整，陈小默要被派到异地长期工作，考虑到家里老人年迈多病，小孩又处在升学的关键期，他希望能够从市场上寻找其他合适的机会。凭借过往的突出业绩，加上猎头 Amy 的推荐，陈小默成功地拿到了 V 集团某下属企业事业部销售总经理的 offer。

但是，入职 V 集团一个月后，陈小默就发现公司内部人际关系极其复杂，几个派系斗争异常激烈。陈小默虽然没有“站队”，却也时长感觉到明争暗斗。同时，由于陈小默做人做事非常低调，不善于表达，也不爱表现自己，所以经常发生业绩和功劳被其他同事抢走的不公平现象。有的爱打抱不平的同事会替他说话，但他总是本着息事宁人的态度不去计较，认准了用业绩数字说话。招聘他进入公司的副总裁暗暗替他着急，经常鼓励他要勇于表达，勇于展现，勇于沟通，这样的话，一些心怀善意的同事也会给他很多中肯的建议。但陈小默始终沉浸在业绩的提升上，在各种会议以及日常和同事、领导的沟通中依旧保持沉默，终于在入职一年后选择离开。后来，副总裁和其他几位同事以及猎头朋友先后都希望给他引荐其他机会，但都联系不上他，感觉从这个行业消失了一样。

陈小默的案例虽然比较极端，却是一个真实的故事。现实生活中，Amy 还遇到过类似的案例，有的人从大平台跳槽以后不适应，在一年之内连续跳槽两三家公司，结果还是不尽如人意；有的人毅然决然地跳槽，意气风发、满腔豪情地创业，却遭遇了失败；还有的人苦心孤诣地完成了业绩，以为可以顺理成章地升职加薪，却因为公司内部的政治斗争落得个竹篮打水一场空的下场。所以，作为管理者，一定要具备调整心态，修正错误思维，重新出发的能力，一旦沉浸在自我否定的泥潭里走不出来，将会给后半程的职业发展造成难以挽回的损失。

另外一个是姚泉美的故事。姚泉美通过自己的勤奋在公司不断升职，五年时间就做到了总监的职位。但是，姚泉美特别追求完美，不允许自己犯错，对下属也非常苛刻，要求下属把每件事都做到极致，稍有不如意，她就会提出严厉的批评，而且反复多次，下属们经常因为受不了她的苛刻要求主动辞职。姚泉美的上级也和她沟通过很多次，希望她克制自己的这个毛病，否则会带来更加严重的后果。但是，姚泉美总是表面上承认错误，面对具体问题时却屡教不改，在她看来，高标准、严要求才能培养出人才，不适应她的管理风格的人是对自己要求不够，她也不屑于培养。时间一长，下属们纷纷调岗甚至离职，姚泉美发现她竟没有留住一位得力干将，很多事情都要亲力亲为，造成体力和心力的透支，最重要的是，她的工作陷入了一个恶性循环，无法推进下去。

对下属和合作方要求苛刻表现在很多方面，比如，下属或合作方犯个小错就大发雷霆；虽然下属或合作方已经竭尽全力工作，但是呈现的结果不能令人满意时就横加指责；即使下属或合作方的表现功大于过，却依然纠结于他们的“过”，而对“功”只字不提，令人难堪，甚至无所适从。

▲ 个人品牌思维对策四：拥有错误容忍思维。

个人品牌价值不仅表现在硬实力上，也表现在软实力上，容错就是提高软实力的重要一课。管理者要摈弃追求完美和绝对正确的思维惯性，对自己和他人都不要太苛刻。绝对正确只能出现在理想世界，因为现实世界充满主观、客观等各种不确定因素。人类的学习和成长是一个不断试错的过程，在不断试错的过程中，逐渐成熟并趋于完美。当然，对自己和他人拥有一个客观的、全方位的认知非常重要。在此送给管理者一句话共勉——白璧微瑕终是玉，凤凰颔首终归王。

Tips：

得克萨斯大学的教授 Michael Marder 描述过一个著名案例：德哈维兰与波音采用了不同方法处理航空材料，导致了完全不同的结果。从表面上看，是两家公司对金属疲劳的不同理解产生的不同结果，但本质上反映了一种价值观，即追求完美和绝对正确本身可能是一个思维惯性，不利于解决问题。

1952 年，德哈维兰彗星型客机（De Havilland Comet）开始提供商业服务，作为喷气式飞机，无论从外形还是体验看，它都远比竞争对手要先进。看上去妥妥地拥有美好前景，而且要统治这个航空时代。但很不幸，飞机接连出事。1953 年，彗星型飞机从天上掉下来，1954 年又在罗马附近失事。如果说第一次事故是因为天气不好，那么第二次事故发生时天气很好，就不能再用天气解释事故的发生了。第二次事故后，飞机停飞进行检修，并没有查出什么大毛病，公司发表声明表示，已经对所有可能导致灾难的因素进行了排查，经过飞行满意度测试，确保没有任何问题。随即再次启动了彗星型客机的商业服务，但悲催的是，仅仅 4 天后，第三架彗星型飞机选择了天气条件非常好的时机，却依然在那不勒斯附近海域坠毁。至此，所有彗星型飞机停飞。

同一时期，一个在民用航空领域毫无名气的公司波音，发现了坠机问题的核心原因——裂隙。波音公司有一位暑期生叫 Paul Paris，是一位机械工程师，刚拿到硕士学位。他对波音飞机裂片和彗星型飞机坠毁的裂片进行了比较研究，发现不管是哪家公司的裂隙都无法消除。因为飞机内部都是这种裂隙，肉眼根本无法看到。最后得出的结论是，既然结构天生就有瑕疵，那就不要追求完美，工程设计的目标不再是保证机身没有裂隙，而是找到能够容忍裂隙的方式。如果一直追求绝对的完美，不能容忍裂隙，那么，解决问题的思路就是一定要把材料做到足够坚韧和完美，以使其能抵挡任何裂隙和金融疲劳，但这显然是徒劳的。所以，波音公司坚定地认为要容忍裂隙，要找到容忍裂隙的方法，但切记要防止问题扩散，以免导致灾难。

△ 个人品牌思维问题五：管理者如何正确地进行风险管理？

最近，吕总空降到一家民营企业当 CFO，职位不错，薪酬也很好，吕总很开心地入职了。但一段时间以后，吕总发现企业财务管理方面有很多漏洞，有的甚至包含潜在法律风险。他赶紧找到老板，详细地汇报了情况，老板也希望吕总能够帮他分忧，协助他一起处理这件事。但是一个月过去了，老板没有任何要让财务正规化的迹象，依然我行我素，而且吕总从侧面了解到，老板全家已经在办移民手续了。面对一堆需要老板签字盖章的文件，吕总选择了放下签字的笔，递上一份辞职申请。

小同服务一家大型外资企业三年了，职位和薪酬福利都不错，小同本想一直服务下去，但是最近有一件事情特别让他闹心。新装修的办公室味道特别大，员工们都有意见，这个时候，公司居然出台了一条规定：高管可以戴口罩上班，其他员工不能戴口罩上班。所以，同事们纷纷选择外出拜访客户来逃避恶劣的工作环境，而小同则果断放弃，他认为这不仅是硬环境的问题，更是公司非人性化管理的重要表现。很快，通过猎头的推荐，小同找到了一份新工作。

周总最近跳槽到了一家上市公司，职位和薪酬都不错，在行业里非常有竞争力。但是入职后不久，周总发现这家企业并不像看上去那么光鲜亮丽。公司管理混乱，很多制度虽然存在，但是没有人执行，更没有人监督执行，这种情况反映在业务上就是推动项目落地异常艰难。和周总一同入职的几位同事有的选择默默适应，举步维艰地推进着项目，而周总通过深入访谈和调研，发现这家上市公司一直以来都是这样的状况，没有改进的迹象，所以发展前景十分堪忧，在猎头的帮助下，周总找到了更适合他发展的企业。

▲ 个人品牌思维对策五：拥有风险管理思维。

管理者要将风险归入职场发展的战略规划中，形成完善的风险管理机制。因为风险管理关系到个人品牌价值的生死存亡。

首先，要善于分析和识别风险。Amy 在《完美跳槽》中详细分析过风险职位，读者可以参考。系统地分析企业的硬环境和软环境中存在的风险，特别是潜在风险，对企业经营中的法律风险要高度警觉，一旦发现果断离开，不要成为企业的替罪羊。做遵纪守法，有良知，有底线的管理者。同时，面对影响身心的硬环境要想方设法远离或是改变，如果短时间内无法改变，那就三十六计走为上计。身心健康是无价之宝，不要因小失大。

其次，要善于防范和规避风险。通过高度的自律和建立个人风险管理策略，将风险扼杀在萌芽中。高度自律的生活包括时间管理的自律、健康管理的自律和性格管理的自律。个人风险策略执行的一个有效方式是寻求一批支持者，包括导师、行业精英、人力资源顾问和猎头。他们丰富的经验分享和中肯的建议会给你提供很多规避风险的一手信息和一手方案。不要在意他们一针见血、不留情面的说话方式，在风险面前，当头一棒比甜言蜜语更值得珍惜。

最后，要善于应对和解决风险。以上分享的三个小故事告诉我们，果断离开是最有效的方式。但是遇到更复杂的情况时，比如无法马上离开、无法立即脱身、无法摆脱的情况，一定要尽己所能地通过合法合规的途径去沟通、运作、实践，将风险值降到最低。不要太在意那一点眼前的利益，一生平安幸福更重要。退一步，海阔天空！

△ 个人品牌思维问题六：管理者如何追求极致？

夏海是一家大型物流科技公司的高管，因为短期之内要招聘大量中层管理人员，所以他和 Amy 进行过几次深入沟通。夏海对行业了解的深度和广度着实让 Amy 吃惊，他可以把对标的竞争对手分析得入木三分，对一线员工日常工作的细节和痛点也张口既来。同时，对行业发展趋势、投行对行业投资偏好、投资企业的情况他都能进行深入浅出的分析。夏海对他需要的人才特点、人才偏好、人才地图以及胜任力模型都有很多建设性建议，给 Amy 团队节省了大量对人才地图进行分析的时间成本。

在钦佩之余，Amy 好奇地问夏海，如何做到对行业了解得如此透彻？夏海表示他只是下了更多工夫。已经看清物流行业未来的夏海，在工作中抓住每个提升自己认知和经验的机会，每一个细节都不轻易放过，发现一个难点或者痛点就解决一个。公司内解决不了的问题，就向行业内的专家虚心请教，直到了如指掌为止。为了了解一线员工的工作情况，他有一段时间和基层员工同吃同住，用他们能够理解的语言和认同的沟通方式进行交流，随时分析总结基层员工遇到的小痛点和小难点，分享自己经过思考之后的解决方案，不久便和他们打成一片，获得了很多来自一线员工的信息和资料。

第二个小故事是一位高管张总和我分享的。他在准备接手一个乳业行业高管职位的时候，花费大量时间和精力，首先立足中国市场，然后高屋建瓴地从全球市场的角度分析研究乳业行业，形成对行业的整体认知。同时，他前往多个城市对各种类型的超市、卖场供应商、经销商等相关机构，进行调研，扮成普通顾客和一线员工聊天，获取一手信息，并从各种维度了解分析市场对标竞品，直到胸有成竹后，才去接手这个职位。

第三个小故事是关于 Amy 的一位好朋友李总的。年近中年的他认为做教育事业是一件有意义、有趣味的事业，短短几年他就从一个 IT 技术男跨界转型成为国际音乐教育事业的老板。他告诉我，为了融入音乐世界，他花费大量时间自学了很多音乐专业知识，听了数以千场的音乐会，同时苦练英语口语，多次飞到美国，拜访全球顶尖的音乐学院的教授，用真诚的态度和专业的服务打动他们，和他们建立合作关系，探索各种合作模式。在和艺术家打交道的过程中被拒绝是常有的事，但是李总从来不放弃，一点一点地努力，一点一点地前进，把每一个细节都做到极致，把每一个细节都服务到位，最终，打动了很多艺术家，促成了很多国际艺术教育项目的合作，让中国孩子有机会接受世界顶级音乐大师的指导。

▲ 个人品牌思维对策六：拥有极致思维。

十余年的高管猎头工作让 Amy 深刻地感受到，其实，职场人士做到 70 分左右的水平并不太难，但是要做到 90 分以上就要付出超乎常人的努力了。这 20 分的差距看上去很小，实际上是职场向上发展的一道鸿沟，提高 20 分对个人品牌价值提升有非常积极的推动作用。我们对极致思维的认知是否嵌入骨髓，是否能将每一件小事精雕细琢，是否能可持续地自律地做好、做对每一件事，是否想成为拥有工匠精神的职业经理人，都可以从 20 分背后的付出找到答案。Amy 看到的是每一位 90 分以上的优秀的职业经理人都超级努力、超级自律。或许有人会说他们运气好才走到今天，而我看到的是，如果没有包含极致思维的工匠精神，不能持续付出的话，幸运女神也会擦肩而过。

△ 个人品牌思维问题七：管理者如何提高自我格局?

每一位空降的中高管背后都有一个波澜壮阔的故事。下面来看看王磊入职第一个月发生的故事。

王磊进入的是一家集团公司，元老们都非常强势。王磊的职位是副总经理，负责公司的一块新业务，同时也是公司未来发展的重头戏。他的上级总经理是一位刚刚升职不久的公司资深元老程强。虽然董事长很欣赏王磊的专业能力，但是王磊明显感觉到程强的敌意。在进行一对一的工作汇报时，程强对王磊的态度总是居高临下，跷着二郎腿，边抽烟、边说话。他给王磊定了很多不可能完成的短期目标，任凭王磊摆事实、讲道理，分析市场情况，他还是不断为难王磊。看到王磊坐在办公室，就抱怨他不到一线市场去调研；等王磊出差一周回来，又嫌他出差时间长；在王磊出差时，经常让人力资源部的人给他打电话，询问各种日程问题；在周会上，程强会给每一位高管充足的时间进行汇报分享，而从不给王磊汇报时间；更过分的是，他表面上答应给王磊配人，但是给的薪酬预算远远低于市场价，王磊想招聘的人很难进来。面对这种情况，如果你是王磊，会怎么办？针尖对麦芒，大吵一架，然后一走了之，那绝对是下策；和程强冷战，我行我素，也不是处理问题的最好办法。当事人王磊做了以下三件事：

第一件事是持续地、主动地、积极地和程强沟通。入职时，董事长对王磊的表现格外欣赏，对他寄予厚望，这可能会让程强担心自己地位不保，这种不安全感让他想方设法通过权力排挤王磊，试图在试用期挤走王磊。王磊沟通的目的就是要打消程强的顾虑。首先，他通过详尽的市场分析让程强认知到新业务的发展对公司发展有巨大的价值；其次，他明确地表示自己只是希望把新业务做起来，做出一个市场认可的作品是他成就感的来源，而且新业务一旦成功，是包括总经理程强在内的集团管理者正确制订发展规划且管理有方的功劳；最后，他还送给公司和程强一份礼物。此后，王磊及时指出了公司原来业务中的一个隐形危机，并给出了切实可行的解决方案。当然，这些决策不是一次沟通能够完成的，而是王磊通过渐进式地推进沟通，找准最佳时机而取得突破性进展的。

第二件事是王磊不断优化与人沟通的态度和方式方法。刚入职时，王磊会因为在业务认识上和程强有分歧而据理力争，但是经过系统的反思，王磊及时改变了沟通的态度和沟通程度的深浅。他要求自己在任何时候都要保持冷静，因为激怒对方后自己付出的情绪成本和沟通成本会非常高，甚至有可能带来更大的沟通障碍。但是，这并不代表王磊会选择沉默和懦弱。在周会上，即使程强没有给他发言的时间，他也主动分享他出差带来的成果，他对新业务的理解，新业务和其他各板块交叉后的亮点，以及创造更大价值之后的心得。其他板块的负责人也顺其自然地和他一起讨论起新业务的前景，因为每个人都深知只有持续地为公司创造更大的价值，公司才会更有生命力，每个人才能从这个平台中获得自身成长的资源。

在和程强的沟通中，王磊选择了更多的换位思考、更多地忍耐和更多地分享，他发现身为总经理的程强，经常把公司要完成的业绩挂在嘴边，他能感受到总经理的业绩指标压力非常大，面对新业务的投入，每个总经理都会感觉到不确定性。王磊通过不断地和程强分享新业务的市场动态、人员动态、竞品分析及资本市场的利好消息，增加程强对新业务发展的信心。

第三件事是王磊和集团各个部门、各个层级的人员都保持积极友好的互动和信息的不定期交流。在外企当中，隔级汇报是大忌，但是在民营企业中，就不能过于墨守成规。如果长期无法向老板汇报，王磊会在向程强汇报方案之后，再向董事长汇报，这样一来可以让身为创始人的老板直接看到自己的业绩和能力，二来也可以直接听到老板对新业务的一手反馈意见，三来也能够多创造一些和老板交流互动的机会，毕竟老板日理万机，时间非常宝贵，而且客观地讲，任何一个老板都不会拒绝一个空降高管对公司新业务的方案分享和交流。同时，王磊也积极主动地找职能板块的财务总经理、人力行政总经理以及集团副总裁交流互动，跟他们分享自己对新业务的理解，向他们请教公司各板块业务的发展情况，不断寻求业务上的交汇点。

初来乍到的王磊怀着一颗真诚的心，敞开心扉地跟各部门人员大量分享关于新业务的知识，哪怕有的同事问的问题在他看来比较粗浅，他也耐心细致解答，帮助同事恶补新业务的相关知识。同时，他还向其他板块人员虚心请教该板块的商业逻辑和市场发展特点，尽可能争取更多和同事交流沟通的机会。因为王磊深知，争取更广泛的同事的支持是空降管理者的必修课，这门必修课的学分越高，他才越有可能推进新业务落地，以及之后各种新项目的顺利开展。

一个多月后，王磊的境遇发生了些许变化。董事长坚定地要求推进新业务落地。程强有时也会主动找王磊沟通新业务的细节和推进的具体方案，很多细节都会打破砂锅问到底。尽管王磊看得出来，程强想在最短时间内掌握新业务的所有知识，以取代他管理新业务，但是拥有大格局思维的王磊对自己的业务能力非常自信，这让他放下了无意义的担心，和程强分享了很多如何发展新业务的心得以及业务推进上的点滴细节。集团上上下下的同事也改变了对新业务的看法，从最初的一无所知、一知半解，或者充满质疑，到现在对新业务有了期待，甚至主动找王磊商讨如何将新老业务资源共享，进行协同发展的细节和模式。

▲ 个人品牌思维对策七：大格局思维。

国学大师钱穆曾游览一座古刹时，看到一个小沙尼在一棵历经500年的古松旁种夹竹桃。他感慨道："以前，僧人种松树时，已经想到寺院百年以后的发展了；今天，小沙尼在这里种花，他的眼光仅仅放到了明年啊!"钱穆这番感慨说明了一个道理：大事难成，是因为心中的格局太小。

心中的格局，是指一个人的眼光、胸襟、胆识等心理要素的内在布局，个人品牌价值的提升离不开格局的提升。职场中的竞争不仅仅是一场外部竞争，更重要的是一场自我内心的战争。当我们战胜自己的狭隘、偏见、贪婪、自私、嫉妒、骄傲、小肚鸡肠、鼠目寸光、坐井观天等负能量时，面貌就会焕然一新，就会拥有全新的视野，就能够用大格局的心态去看世界。职场的舞台很大很大，相信终有一地可以容下一个拥有大格局思维的你。

完美管理7思维
第3课　跨界思维

本部分重点：未来已来！未来无界！拥有跨界思维的人才已然成为人才市场的抢手货。运用跨界思维时要遵循以下三个原则：核心竞争力一定要稳；跨界方向一定要准；对待自己一定要狠。

管理者跨界的七个问题

▼

▽

一夜夏雨让北京的空气格外清新，周六上午 Amy 特意做了闺蜜 Angela 最爱吃的草莓蛋糕，等待 Angela 的到来。这段时间，我们先听听不一样的"罗子君" Angela 的故事，会对我们职业跨界有很多有益的启示。

△ 跨界思维问题一：故步自封，循规蹈矩。

Angela 毕业于重点大学，一向对自己高标准、严要求的她，一进入职场就是典型的工作狂，加班加点是家常便饭。她曾经是一家知名广告公司的 Top Sell（销售冠军），不到 30 岁就当上了销售总监。但是，结婚生子以后，因为家里没人帮忙照顾孩子，请保姆带孩子又是各种不放心，加上爱人的收入非常丰厚，Angela 索性辞职，专心在家带娃。时光飞逝，一转眼小孩就上了小学，父母也退休了，可以帮忙照顾孩子，Angela 决定重回职场。

比起《我的前半生》中焦头烂额去求职的罗子君，Angela 过去积累的经验和人脉给她带来了很多机会，但多是销售方面的职位，因为销售行业出差非常频繁，周末加班也是常事，所以希望兼顾家庭的 Angela

没有动心。一个偶然的机会，让 Angela 成了人力资源总监。虽然 Angela 对人力资源非常感兴趣，但是从未做过相关工作的她心里还是非常忐忑，然而始终坚信事在人为的她最终欣然接受了老板的邀请。

▲ 跨界思维对策一：大胆尝试新的工作机会。

职场中有些人士总是局限在同类职位间跳槽，这是对自我认知有局限性。记住：轻易放弃尝试新职位的挑战是个错误。

Angela 之所以敢尝试新职位是因为事先做了一个基本的评估，评估涉及几个方面：一是自己和老板有彼此信任的基础和价值观的趋同，老板会在她到任后全力支持她的工作；二是管理是相通的，她原来的部门管理也涉及很多人力资源管理的内容；三是因为她对人力资源有浓厚的兴趣，之前参加过很多培训，并阅读了很多相关书籍，有一定的理论基础。Angela 认为这个机会很难得，一定要大胆尝试。

她是对的！因为求职有很多偶然性，况且人生的境遇又是在不断变化的，能够抓住机会很重要。从时代的发展来看，Angela 选择人力资源管理也是非常正确的。因为人工智能时代已经到来，未来合成智能会大面积代替人来完成工作。考虑到自动化对劳动力造成的两种不同的影响——代替工人以及让技能变得无用，经济学家为这两种失业类型取了两个不同的名字。第一种类型是“周期型失业”，指的是人们在就业和失业之间循环。在经济萧条时，待业的穷人数量可能会增长，从而导致更高的失业率。但是从历史规律来看，一旦经济复苏，闲散的工人就会找到新的工作。失业的人数减少，同时待业时间也会变短。另外一种类型是“结构型失业”，它意味着有一些失业的人完全无法找到合适的工作。他们整天发送简历，但是没人想要雇用他们，因为他们的技能不能匹配相应的工作。（摘自《人工智能时代》）

这本书的作者是人工智能时代的领军人，斯坦福大学人工智能与伦理学教授杰瑞·卡普兰。在这本书中，他指出，智能时代的到来，给人类社会带来两大灾难性冲击——持续性失业与不断加剧的贫富差距，机器正在很大程度上替代人类的工作，不管你是蓝领还是白领。因此，终身做一份职业的可能性微乎其微。我们需要不断调整心态，终身学习，重新出发，迎接挑战。遇到机会不要瞻前顾后，不要犹犹豫豫，自我评估后若有 50% 以上的把握甚至更低一些，就可以勇敢尝试。

自我评估的维度包括直属领导的信任度，价值观的契合度，职位的自我满意度，职位的美誉度，岗位胜任力匹配度，跨界转行的成本，薪酬福利满意度，公司文化的匹配度，团队文化的匹配度等。核心维度需要根据具体情况具体提炼，Amy 建议重点关注直属领导的信任度和价值观。相信事在人为，相信“不拘一格降人才”的老板的眼光，不管是同一公司内转岗，还是不同公司的新岗位或新职位，都值得放手大胆一搏。

△ 跨界思维问题二：新官上任三把火——猛烧、乱烧、高调烧，最后烧尽自己的大好前途。

Angela 非常低调地加入了新公司。前两周的主要精力都放在快速学习和熟悉员工上，具体来讲，就是和前任交接工作，并进行工作访谈。

▲ 跨界思维对策二：低调平静进入公司，虚心且快速学习，不温不火地烧“三把火”。

入职前两周，Angela 每天的工作除了虚心向前辈请教外，对于不明白的每一个细节她都要跟公司各部门经理级别以上的同事进行一对一访谈，很多时候她扮演的都是一个倾听者的角色。在这个过程中，她听到一些关于她进入公司的流言蜚语，有的说她非人力资源专业毕业却能当上人力资源总监，是因为和老板关系好，也有的说她先生背景不一般，她才谋到这个职位。Angela 不动声色地在管理会议上陈述她来公司的缘起——我多年在圈中良好的口碑，使得老板通过朋友找到了我，我们互相做了充分地沟通后我才正式加盟公司，我现在是个非专业人力资源工作者，大家都是我的老师，希望大家多多指教。

同时，在人力资源部内部周会上她也做了同样的解释，希望同事们不要再相信流言蜚语。在工作中，只要同事们谈到她不懂的新名词或者不清楚的细节，她都会认真询问，认真做笔记，一定要弄明白。周末和节假日她经常去参加人力资源方面的培训和论坛，闺蜜 Amy 也是她的后援团之一，经常和她一起探讨人力资源方面的专业问题。

短短几个月，Angela 在工作上的进步就让公司上上下下刮目相看。同时，因为本身是做业务出身，Angela 一直在潜心研究公司的业务发展和痛点，对业务的钻研使得她有更多机会跟公司中高管接触，而且沟通越来越顺畅，屡屡获得大家好评。快速且持续学习的能力是职场的必修课，对每个人都非常重要。

△ 跨界思维问题三：管理思维因循守旧，不尝试新的管理工具和管理方法。

三个月匆匆而过，Angela 顺利度过了试用期，庆祝她转正的部门聚餐时有几名同事有事缺席，Angela 深知有事只是个借口，摆在她面前急需解决的是部门团队管理亟待优化的问题。20 余人的团队看似不大，但是因为团队中每个人的性格差异特别大，年龄结构也比较复杂，70 后、80 后、90 后都有，所以团队成员的思维方式和行动方式也有很大差异，作为领导，对这个团队的人员构成以及每个人的特点进行系统分析是非常有必要的。

▲ 跨界思维对策三：利用管理工具系统分析团队成员，通过不断地追问和实践来提升管理能力。

Angela 记得清华大学的教授宁向东在他的管理课上分享过一个提高影响力的极简工具——追随者的行为模型。1992 年，管理学家凯利在采访了大量领导者和追随者之后，总结出了 5 种追随者的风格，并按照两个维度，把他们画在了一个坐标里，这就是著名的“追随者表格”。凯利对追随者的区分采用了如下两个标准：①追随者是否积极。积极的追随者可以全身心地投入到组织中来，并且有更强的工作主动性和积极性。②追随者是否具有独立性和批判性思维。批判性思维是在西方管理学界兴起的一个新概念，是指一个人在判断问题的时候能够有效地搜集信息，逻辑清晰，思考周全，同时，此人在讨论解决方案的时候，能够做到态度公正，思维缜密，均衡稳健。凯利使用这两个标准作为一个坐标的两个维度，把追随者分成了五类，准确地说，是把一个领导者的所有下属分成了五类人，他们依次被称为“被动的追随者”“循规蹈矩者”“不合群的追随者”“实用主义的追随者”和“有效的追随者”。

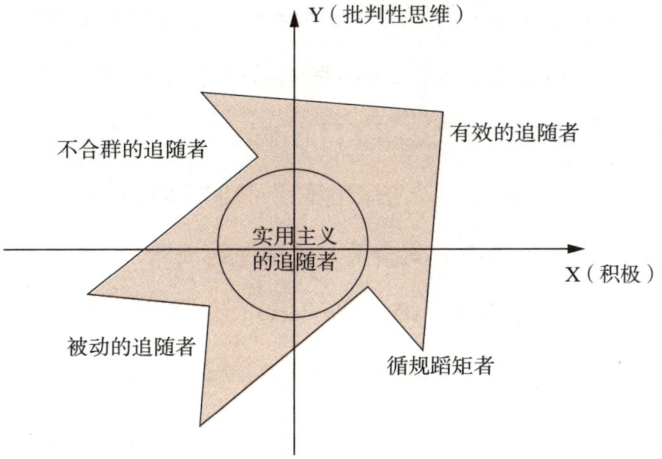

第一，被动的追随者（sheep），位于左下角。这种类型的追随者是被动的、不具有批判性思维的，他们希望上司替自己思考，并督促自己工作。当他们接到任务时，就会及时完成任务，但不会干多余的活。他们的工作缺乏主动性，不愿意承担责任。虽然他们具有可塑性，也不会引起别人对他们的争议，但这类人对领导者来讲仍然是个麻烦，因为领导者需要给他们布置任务，需要关照他们。

第二，循规蹈矩者（yes-people），位于右下角。这类追随者不带有任何怨言，积极地去完成任务，但是完成任务后，他们总是回到上司那儿，看看接下来需要做什么工作。他们很敬业，但是太顺从。缺乏自信的上司会喜欢这类人，因为他们不惹麻烦，而且非常勤快。

第三，不合群的追随者（alienated），位于左上角。他们具独立思考的能力，但往往愤世嫉俗，很可能把负能量和消极的观点带到工作中去。他们总能找到拒绝新挑战和变化的借口，对未来没有计划，并对目前正在做的事持怀疑态度。凯利认为，不合群的追随者自己可不这么看自己，他们会争辩说自己是特立独行者，而且是唯一敢于挑战领导者的追随者。

第四，实用主义的追随者（pragmatists），位于中间，他们把触角伸向各个阵营。他们是物竞天择的生存者，喜欢冷眼旁观。他们不会是第一批上车的人，以免坐上到达不了目的地的火车。同样，他们也不会是最后一批上车的人，以免让人指责他们不参加任何活动。凯利说，实用主义的生存者的座右铭是“安全第一，遗憾第二”。

第五，有效的追随者（star followers），位于右上角。这类追随者独立自主，具有批判性思维，也很积极主动，能把正能量带到工作中以及与上司的相处中去。这些具有主动精神的人并不全面接受领导的指示，他们对事物有自己的判断标准，如果他们不同意领导者的决定，会提出质疑，要求进行讨论，并提出替代方案。有效的追随者似乎更像是领导者，但他们是追随者，许多人也满足于做个卓有成效的追随者。

有效的追随者，是领导者最值得依赖的对象，但是宁教授也强调说这类人在组织中并不是很多。实际上确实如此。Angela 从影响人力资源部员工工作积极性的关键要素和管理权重具体分析整个团队成员，她发现以上五种类型的员工人力资源部都有。有效的追随者人数最少，只有一名经理和一名主管，都是公司的老员工，忠诚度高，这两位通过短时间磨合就成为她的得力助手，也成为她优化团队最有效的支持者。

△ 跨界思维问题四：动嘴多于动脑、动心、动手。

应该从什么地方入手进行优化管理呢?

▲ 跨界思维对策四：要果断行动，冷静面对各种管理难题，多动脑、多动心、多动手。

Angela 根据自己的管理经验，在年初就梳理了整个团队当年的奋斗目标，并明确告诉大家，公司正处在转型期，工作量会加大，工作中的忙碌状态和加班会成为常态。这样的工作部署看似顺利地通过了，但背后她也听到了不和谐的声音。

不合群的追随者代表是两位经理，他们在各种场合抱怨要完成任务遥不可及，说辞也都大同小异。愁眉苦脸地抱怨已经成了绩效经理晓芳生活的常态，她今天说某某部门的领导很难沟通，明天说某某领导经常出差，想见个面都很难，OKR 考核工作根本推进不下去；而招聘经理夏辉也抱怨某某领导追求完美，给他推荐的很多简历都不满意，公司为很多职位提供的薪酬没有竞争力，在市场上根本招不到满意的人。

如果您的下属三天两头地抱怨，您会不会抓狂？会不会想狠狠地批评他一顿？Angela 的回答绝对会是肯定的，但她的选择是冷静面对，果断行动。她深知，由于市场情况急剧变化，迫使公司要从平稳发展期快速过渡到二次创业期，这是当前面临的最大困境，也使大多数员工的心态发生了变化，这是正常现象。

从客观上说，这两位员工的专业背景和工作能力都不错，只是习惯了公司原来稳步前进的发展节奏，突然加速快跑使他们有了压力，在这种情况下，有情绪也是可以理解的。Angela 是这样处理这个问题的。首先，她通过多次和两位经理耐心细致的沟通，稳定了他们的情绪，让他们停止抱怨，立足于解决问题。其次，她将“问题是什么”“我为解决问题做了什么”“解决问题需要什么支持”三个核心要点以书面形式进行了整理。再次，为了拉近和业务部门的距离，她和业务部门保持密集沟通，参加业务部门的各种讨论会，为业务部门的发展积极献策。最后，她组建了一个解决问题的临时专项小组，并将此模式常态化。针对每个核心问题都组建一个 2～5 人的临时小组，小组组建的原则是，一切以解决问题为中心，组长可能是她本人，也可能是其他更适合的同事。小组成员都是对问题有积极的解决态度和较为成熟的处理方法的员工，组长组织召开小组会议，及时分析、及时总结、及时跟进，直到问题解决为止，问题解决完毕，小组自动解散。

△ 跨界思维问题五：依赖权威管理，不重视情感沟通。

一个月过去了，通过密集的沟通和大家的共同努力，人力资源部的工作有了新的进展，细心的 Angela 发现，工作中出现的种种问题并不是无解，而是无心。

之前提到的两位经理的工作都浮于表面，基本是在应付，而到了月会总结时，却总是把功劳归结到他们自己身上，无视大家的努力。从大家的眼神可以看出，两位经理的工作态度和工作表现引起了其他同事的反感和强烈不满，但是对于这种情况，大家习惯了保持沉默。

然而，Angela 没有沉默，她坚信“公平”两个字的力量，她要打造公平的管理风格，首先要做的就是奖惩分明。她在月会上严厉地批评了两位经理的表现，同时表扬了专项小组其他成员的工作。会后的一周，两位经理不但没有认真反省，积极改进，而且更加敷衍了事，我行我素。Angela 没有和他们针尖对麦芒，她选择跟两位经理分别进行一次谈心，结果一个月内两位经理先后辞职。虽然他们的离职给人感觉是 Angela 提出的，但都离开得体面且风平浪静。

Amy 好奇地询问 Angela 深谈的内容，Angela 先是云淡风轻地说了四个字——将心比心，然后把它分成三个层次来具体讲解，即自我反省，将心比心，结果导向。

首先，整个人力资源部是一个团队，两位经理的不良表现不仅是他们个人的问题，也是我管理上的问题，我需要认真自我反省管理上的漏洞，比如，是否忙于熟悉专业，忽视了和他们的深入沟通。其次，他们在我的部门一天，我就要和他们将心比心，而不能和他们划清界限，视他们为眼中钉，否则只能激化矛盾，适得其反。他们不良的工作表现只是一个表象，我要做的是找到表象背后的原因。最后，对于这件事，我遵循结果导向，所以我找他们谈心的目的是一定要在短时间内得到一个明确的结果，不要浪费双方的时间和精力。我告诉他们，处于转型期的公司需要小步快跑地前进，即便是人力资源部这样的职能部门也要用同样的节奏跟进。但是，通过深入地沟通，我发现他们更看重工作和生活的平衡，根本无法适应现在的工作节奏。因为目前公司也没有更合适的岗位供他们选择，所以我明确表示，这件事情最好的解决办法就是好聚好散。

▲ 跨界思维对策五：经常自我反省，重视与下属的情感沟通。

△ 跨界思维问题六：决策拖泥带水，过于瞻前顾后。

两位经理的离职对之后人力资源部业务的开展是个不小的挑战，补充新鲜血液就成为当务之急。如何选择新人呢？首先，Angela 在面试方式上做了改进，采取团面，即集体面试。任何进入团队的候选人都要得到 Angela 本人和三位以上同事的认可才能被录用。在 Angela 看来，得到团队大多数成员的认可有利于新人尽快适应新的工作岗位。其次，Angela 会重点关注和团队的文化匹配度高的软性指标，通俗地说，她在找和团队气味相投的候选人。最后，候选人一定要和现有团队成员在能力上互补，她希望新人能给团队带来更专业的分享和辅导。

通过近一个月的精挑细选，Angela 终于如愿以偿，招聘了一位薪酬经理小涵。准确地说，是 Angela 在给小涵做详细的职业规划的过程中发现了她独特的人格魅力，所有团队成员都对这位具有名企工作背景，专业扎实，工作经验丰富的候选人青睐有加。但是在招聘经理的选拔上，团队成员和 Angela 产生了分歧。招聘经理候选人田甜的工作能力非常强，但是已经结婚，而且计划两年内生孩子，大家担心她一旦怀孕会影响整个团队的工作。

面对抉择，大多数情况下，Angela 都会选择少数服从多数，但这一次她坚持了自己的选择，录用了田甜。她耐心地和团队成员进行沟通，告诉他们在招聘过程中不能带有任何歧视和偏见，田甜也表示过入职后不会马上要孩子，工作理顺之后再考虑生孩子的事，况且，人力资源部现在人手紧张，工作进程又不能耽误，田甜是目前最合适的人选，如果招聘失误，她负全部责任。

▲ 跨界思维对策六：领导要有决断力。在充分尊重团队成员意见的同时，要果断决策。

团队成员最后选择了妥协，同时给了 Angela 一个建议，在试用期的三个月里不要停止经理职位的招聘，如果有更合适的人可以作为备选。Angela 采纳了下属的建议。一个月的时间，所有岗位人员终于到齐了。

△ 跨界思维问题七：对职场新人过于苛责。

两位新人入职后，在专业上的表现不错，但是也不断有新的问题出现——新人和老人的磨合，新人和新人的磨合，新人和业务部门的磨合。如何让新人快速适应团队的工作节奏，快速融入团队，作为领导，在新人入职期间需要做些什么？面对这些问题，Angela 决定从她最为看重的四个字做起，即信任和沟通。

▲ 跨界思维对策七：领导给新人充分的温暖、信任和沟通。

要让新人对于企业或是部门有强烈的归属感，需要领导点点滴滴的用心付出。首先，Angela 觉得要对新人有一个正确的认知，时刻提醒自己新人犯点小错是正常现象，因为新人通常会把一件事情的后果看得过重，或是好心办坏事。其次，Angela 总是在新人出现问题后的第一时间和他们充分沟通，从来不吝啬为此花费的时间和精力，因为在她看来，这样既能够让新人感受到领导对他们的重视，也是新人与团队尽快渡过磨合期的必经之路。最后，Angela会通过耐心、细致的沟通，让新人表露真心，并一针见血地指出他们的问题所在，和他们共同面对问题，找到合适的解决办法。

完美管理7思维

第4课 迭代思维

本部分重点：管理者需要不断更新自己、改良自己，让自己不断迭代，才有可能不被竞争激烈的职场淘汰。同时，管理者必须树立正确的前进方向，加上强大的执行力，才能发挥迭代思维的最大价值。

管理者无法顺利晋升的七个问题

雨后北京的夏夜，少有的宁静，但这宁静却没有给 Lily 带来丝毫快乐和安宁。接近晚上十点，因为用手机软件一直叫不到车回家，Lily 决定到大街上碰碰运气。但随着一辆辆载客的士跟她擦肩而过，她越发焦躁不安，终于泪水夺眶而出。难道仅仅是打不到车吗？只有她自己知道今天发生的一切。走了几里路的 Lily 疲惫不堪，当她看到街角的咖啡馆还没关门的时候，毫不犹豫地走了进去。

咖啡馆空无一人。Lily 一眼看到左前方尽头有一架钢琴，她静静地坐下来，情不自禁地弹起《雨的印记》。正在看《奇葩说》入迷的 Amy 被她挚爱的《雨的印记》吸引了，从里屋走出来，看到一个美丽的姑娘坐在琴旁。“晚上好，你弹得真棒，姑娘想喝点什么吗？”Amy 走近姑娘温和地问道。

Lily 回过头，看到一位身穿白衬衫的邻家姐姐模样的店员正满含笑意地看着她。“一杯冰咖啡，谢谢。这架钢琴音准不错。”姑娘说。Amy 送咖啡给姑娘的时候清晰地看到她脸上的泪痕。“是不是工作不顺心？我做过多年的人力资源工作，不介意的话我们坐下来聊聊？”

“我真有点不想干了！我在这家公司干了三年，领导交的活我都是百分之两百地努力完成，加班加点是家常便饭，去年我还是公司的优秀员工，今年居然还是没有升职。今天领导跟我谈话，说了一大堆我需要改进的地方，居然还有一条是我的服饰不够职业！”

Amy 示意 Lily 先喝口咖啡，然后就跟 lily 缓缓地交谈起来。随着话题的深入，lily 渐渐打开心扉。交流中 Amy 了解到，lily 是个 90 后海归，工作两年后跳槽到现在这家公司服务，让她下决心服务这家公司的原因是和领导很投缘。面试中出色的表现和领导的认可让 Lily 从一开始就担任一个新业务的不带团队的主管。

Lily 工作确实非常敬业，基本上没有早于晚上 8 点离开公司的，每件工作几乎都能顺利完成。但是深入思考 Lily 的经历之后，有三点非常值得关注：

第一，Lily 承担的一些工作非常简单且琐碎。由于部门人员比较少，领导用 Lily 又用得特别顺手，所以类似行政专员做的那些复制、粘贴，或者给领导报销的 OA 流程等工作都让 lily 来做，Lily 也从来都是照单全收，一手完成，但这些工作占用了 lily 很多休息时间。

第二，在部门里，Lily 的主要聊天对象是领导，领导就像她的一位闺蜜。因为领导和她都是海归，也有很多共同的爱好，再加上两人都是单身，聊天话题就会比较多。而团队中其他几位成员都是服务公司五年以上的老员工，且都是已婚已育人士，他们聊天的话题基本上都围绕着自己的孩子展开。加上领导工作特别忙，部门的团建活动非常少，使得 Lily 和老员工很少有非正式的沟通交流机会，老员工们也从来不主动叫 Lily 一起吃饭。Lily 也就顺其自然，我行我素，索性一个人用餐，或者和其他部门的同事一起吃饭。当需要团队合作的时候，通常都是其他几位老员工互相配合，剩下 Lily 孤立无援，或者依赖领导的权威强制大家互相配合完成工作任务。在得不到大家配合的时候，Lily 就要依靠自己的力量，花大量的时间和精力去完成需要几个人完成的工作，或者干脆硬着头皮到其他部门搬救兵。

第三，Lily 家境比较优越，经常穿国际大牌，工作包也是最新款的一线品牌，而且换新的频率很高。加上她的穿衣风格基本都是小萝莉范儿，很少穿职业装，所以显得和公司大多数穿素雅职业装的同事有点格格不入。Lily 有时也感觉自己的着装有点不合适，领导也友善地提醒过一两次，但是在她看来，既然公司没有明令要求穿职业装，我就坚持一贯的穿衣风格，也无伤大雅。

△ 迭代思维问题一：你穿错了！人生如戏，戏服挑不好，分分钟让人出戏。

在职场中，穿得得体非常重要，得体的形象会让你的个人印象管理如虎添翼。(印象管理有时又被称为印象整饰，是指人们试图管理和控制他人对自己所形成的印象的过程。恰当的印象管理是人际交往的润滑剂，可以使交往顺畅地继续下去，是人类文明的标志，个人修养的量尺。试图使别人积极看待自己的努力是获得性印象管理；而尽可能弱化自己的不足或避免使别人消极地看待自己的防御性措施是保护性印象管理）Lily 在印象管理上犯的错误是，没有让职场形象和自己的职业身份保持统一。你的服装应该是为工作而穿，而不是为你的喜好而穿。服饰是最有效的视觉工具，利用它可以向世界传递你的权威性、可信度和被喜爱度。服装可以帮助你沉着自如、优雅得体地表现自己，保持你在各种场合镇定自若的心态。

Amy 在这里谈谈个人对办公室职业装的理解。第一，Lily 虽然比较年轻，但已经是公司的一名主管，穿衣风格应该是偏成熟稳重的；第二，要找出公司大多数同事着装的色系，它代表了公司服装文化的一部分，所以，自己的职业装要选择和能体现公司文化的色系。打个简单的比方，各种各样的咖啡在一起，你可以是冰咖啡，可以是热咖啡，但是如果你是绿茶，就感觉有点突兀。当你还不是足够强大的时候，你不要在服饰上彰显个性，要把更多的时间和精力投入在工作上。第三，要注重服饰的材质和板型，可以选择口碑好的品牌，但是切忌天天穿戴大牌。尤其是不要选择和领导一样的大牌，或者比领导更奢侈的大牌。嫉妒是可怕的人性，生活中的案例不胜枚举。东野圭吾的《恶意》中有一段让我看得胆战心惊："我就是恨你，明明你是我最亲密的朋友，明明你是那么善良，明明你知道我猥琐的过去还帮我保密，明明你一直在帮我实现理想。可我就是恨你。我恨你抢先实现了我的理想，我恨你优越的生活，我恨当初我如此不屑的你如今有了光明的前途，我也恨我自己的懦弱，我恨我自己运气不够才能不够，我恨我自己还没来得及成功就得了癌症。我把对我自己的恨一并给你，全部用来恨你。"

▲ 迭代思维对策一：为了工作而穿！

不要肆无忌惮彰显个性，尽我所能选择符合公司文化的服装和色系低调的职业装。那些大牌可以留着业余时间和其他需要的场合穿。

△ 迭代思维问题二：你和领导走得太近。

Amy 通过和 Lily 交流，了解到她平时和领导的互动比较多，经常在办公室跟领导交流比较亲密的话题。他们交谈甚欢的场面经常会被同事看到。请记住：和领导过于亲密是职场大忌。第一，公平感是每位员工内心平衡的必需品。你和领导的亲密关系破坏了员工心中的公平感，无法让员工客观地评价你和你的领导，招惹很多不必要的是非和嫉妒。第二，亲密的交流会使得双方的隐私在无意间被泄露，这对双方都不利。隐私的门一旦被打开，就会给彼此带来无穷后患。第三，职场是流动的舞台。直属领导不是永远的领导，这种亲密的关系会在领导离职后新领导到任时给你带来不小的危机。即便你再想澄清和他的关系，也无法堵住所有同事的嘴。

▲ 迭代思维对策二：公私分明。

在职场中，必须和领导保持距离。时刻保持不远不近、不亲不疏的距离和不偏不倚、不卑不亢的态度。Lily 清楚自己目前的处境，所以她必须刻意地在工作场合和领导保持距离，多讨论公事，少讨论私事，这是保护自己和领导的最好方法。

△ 迭代思维问题三：你太不善于和职场中不喜欢自己的同事相处。

前文我们谈到了如何跟自己不喜欢的同事相处，这里重点谈谈如何跟不喜欢自己的同事相处。首先要反思自己为什么不讨人喜欢？如果是同事的问题，就参考上个案例中谈到的“与职场非共鸣同事相处七步法”；如果是自己的问题，就要抽丝剥茧地分析，并及时改善。跟领导走得过近，招惹嫉妒了，就赶紧和领导保持距离；平时服饰不职业了，就赶紧改善形象。如果在职场中遇到不喜欢你的人怎么办呢？看淡、看轻、看远。我们很忙，有很多重要的事情要做，没必要浪费那么多时间在揣摩非共鸣同事的心思上。

▲ **迭代思维对策三：以礼相待。**

我们不可能让所有人喜欢，也不可能喜欢所有人。但我们可以做到的是保持基本的职业素养。以礼相待就是我们要有气度、有风度地和他们相处，即便没有改善他们对我们的态度，也不会给他们留下对我们不利的把柄。

△ **迭代思维问题四：没有获得老员工足够的尊重。**

团队是我们在职场中赖以生存和发展的基石，融入团队是职场人士的必修课。尤其是本部门的老员工，更是我们需要重点关注和维护的团队成员。显然，Lily 所在部门的一些老员工会有意无意地排挤 Lily，而遇到这样的不利局面时，Lily 选择了逃避，选择了放弃努力。殊不知这正中那些同事的下怀。逃避不能解决任何问题，只会让自己越来越被动。自己哭、他人笑的事在新婚时刻可以为之，但职场是不相信眼泪的。反思自己的不足后，拿出勇气去面对不利局面，找到路径走近老员工，走进老员工心里，才是正确的处理方式。

我们对老员工的特质进行分析后，会得出这样的结论：他们当中多数人除了对公司忠诚度较高，对工作较敬业外，对公司其他员工的性格特质和工作风格以及工作习惯也是比较熟悉的，这一点对跨部门合作尤其重要。Lily 平时的跨部门合作比较多，可以虚心地请教老员工，一来表示自己对老员工的尊重，二来可以利用这种方式主动示弱，因为 Lily 平时的表现使得她在别人眼里太强了。

Amy 和从 Lily 的交流中了解到，Lily 部门的新业务对员工英语水平要求很高。Lily 是海归，英文比较好，老员工当中迫切需要提高英语水平的同事就是 Lily 重点可以帮助的对象。Lily 要主动分享自己学习英语的心得，在同事的英语邮件处理遇到困难时，不要不闻不问，要耐心细致地辅导同事如何精准翻译，如何精准回复。真诚分享是职场中谁都无法拒绝的一份美丽礼物。如果你做了以上所有的努力都无效，你可以主动找直属领导沟通你的心结，请他给予你支持和帮助，这是她管理的职责。千万不要一个人扛，要学会主动求援，特别是主动求得老员工的帮助。

▲ 迭代思维对策四：充分尊重老员工。

每一位老员工都是公司的一部百科全书，只要我们真诚地和老员工沟通、交流，一定会发现他们身上取之不尽的宝藏。这一点对中高层管理者同样有效，不容忽视。

△ 迭代思维问题五：长期照单全收领导分配的工作，造成自己疲惫不堪。

只要是领导布置的工作就全部完成，怎么会错呢？Lily 疑惑了。管理者大致可以分为索取型和给予型两种。遇到给予型管理者，对于他布置的工作照单全收没问题，但是遇到索取型的管理者，就需要为自己争取本该属于自己的权益了。Lily 的领导偏向索取型管理者，无限地给 Lily 增加工作，而且很多工作都是毫无附加值的基础性工作。对于 Lily 来说，首先在第一次接到这样的工作时不用拒绝，可以坦然接受，但是要有礼有节地和领导沟通，告诉他可以暂时帮助部门分担这些工作，但是不会长期做这份工作，因为这不是一个主管的主要工作，如果长期做这些简单琐碎的工作，会耗费大量的时间和精力，严重影响自己的本职工作。其次，可以建议领导分解工作，让同事或者实习生来帮忙解决这个问题。最后，领导可能会坚持认为这样的工作交给 Lily 做最合适。在这种情况下，Lily 该怎么办呢？长期心不甘、情不愿地干吗？这里有一招交给大家，就是将工作量化，计算出一个月大致需要多少个小时完成这些额外的工作。如果是长期行为，请领导和人力资源部沟通给你增加相应的报酬，这是很合理的要求。换位思考一下，从人力成本角度考虑，招聘一个全职员工需要负担招聘成本、时间成本、薪酬福利成本、管理成本等，而给原有员工增加一定工作量的同时，增加一定的报酬，可以得到较高的投资回报率，这是公司喜闻乐见的。

▲ 迭代思维对策五：在升职暂时无法实现的情况下，能够获得加薪也是权宜之计。

利用合适的机会为自己争取本该属于自己的权利。记住：人在职场争取更合理的报酬天经地义。

△ 迭代思维问题六：做人太高调。

Amy 在和 Lily 的交流了解到，Lily 经常会和同事谈论她在上一家公司的光鲜经历，比如，有很多到世界各地出差的机会，可以参加知名培训机构的培训活动。在职场中，高调谈论老东家是职场大忌，因为你不经意间透露的细节会让同事们浮想联翩。他们可能会揣测你为什么在那么好的公司都混不下去了？或者是不是对现在公司存在各种不满？要记住：让同事闭嘴的前提是自己先闭嘴。要少说话，要好好说话。少说话是指少说对你无益，对团队无益，对公司无益的话；好好说话是指在合适的地点、合适的时间说该说的话。一言一行如此，一装一扮亦如此，低调做人是职场的不二法则。在适当的时候，要强调自己的成绩大多数是靠异乎寻常的勤奋和坚持取得的，取得任何的成绩都要感谢团队和领导耐心、细致的辅导，哪怕你是个天才（天才在职场上凤毛麟角），也不要给人感觉你就是运气好得不得了，招人艳羡就会带来是非。尽可能让他人感觉你就是个普通人，靠自己的踏实和坚持的奋斗才获得了一点进步和成绩。

▲ 迭代思维对策六：无关紧要的事可以有意让同事们占上风。

不要热衷于一时的风光和虚幻的荣耀，要为长期的职业生涯铺就相对平坦的路，不要自设高调绊脚石。

△ 迭代思维问题七：可能选错公司了。

在交流中 Lily 表示，离开大外企老东家的原因是长期频繁地世界各地出差让她不堪重负，导致月经不调。在工作量短期无法改变，调岗无望的情况下，她只好选择辞职，回家休养了一段时间。休养期间面试了很多家公司，也拿了几家公司的意向 offer，最终选择现在这家民营公司的核心原因是感觉和领导非常投缘。

现在看来，这个选择有点草率了。因为加盟公司几个月后 Lily 发现，就连领导自己都是新人，还在适应企业文化，而且这家公司的团队文化跟之前的公司有天壤之别，这给 Lily 带来了巨大的冲击。其实对于是去是留，Lily 非常犹豫，但是领导给了她很多鼓励和安慰，加上不想太折腾，让 lily 选择了留下来。两年多的时间虽然也学习了一些新东西，但是 Lily 感觉自己的成长和发展还是受到了局限，尤其是升职不断受阻让她非常灰心。尽管 Lily 深知，这一次领导有意给她升职，但是因为部门规模比较小，已经有两个高级主管了，而且剩下的老员工资历都比她深，团队合作比她做得好，除非做出了突出成绩，才有可能脱颖而出，否则，即使领导想让她升职，也很难服众。

像 Lily 这样感觉选错了公司的情况很常见，那么，遇到这种情况该怎么办呢？可以关注三个时间点：第一，入职试用期就发现选错了，此时应该当机立断，立即和其他几家给了意向 offer 的公司联系，明确表达自己的态度，不要浪费任何机会。也有可能很不幸运所有的机会都没有了，那就最好等入职满一年再动跳槽的心思。但是要持续关注市场的职位动态。第二个和第三个跳槽时间点是入职两年和三年。Lily 第一年没跳槽是因为刚被评为优秀员工，感觉升职有望，第二年没升职的原因也让 Lily 心服口服，就是她没有独立管理过一个项目的全过程，领导承诺第三年给她独立管理项目的机会。第三年 Lily 看清了部门业务发展的局限性和部门竞争的僵化格局，也意识到了领导的难处，所以，她需要做的是不再听领导的话继续盲目等待，而是选择通过及时跳槽实现升职加薪。

▲ 迭代思维对策七：沉没成本不是成本，不要为你的沉没成本买单。

及时发现错误，及时纠正，及时跳槽，及时修正自己的职场方向，是职场人士的明智之举。

Tips：

沉没成本是指由于过去的决策已经发生了的，不能由现在或将来的任何决策改变的成本。人们在决定是否去做一件事情的时候，不仅是看这件事对自己有没有好处，也看过去是不是已经在这件事情上有过投入。我们把这些已经发生不可收回的支出，如时间、金钱、精力等称为沉没成本。

雨停了，但 Amy 的一番话却在 Lily 心里下了一场雨，那是一场怎样的雨的印记呢？只有 Lily 自己知道。Lily 起身走到钢琴旁，弹起了熟悉的旋律，这旋律缓缓地弥漫到咖啡馆的每一个角落。职场中的许多画面一幕一幕地在 Lily 眼前闪现。

一曲完毕，Amy 帮 Lily 分析了 Lily 领导的核心问题，希望对 Lily 将来做领导有所帮助。她对 Lily 说："其实，你的领导（以下称 WT 领导）也犯了职场错误，她需要自我反思和高屋建瓴的辅导。第一，WT 领导没有和下属保持恰如其分的距离。和 Lily 的投缘让领导忽视了其他同事的感受，给 Lily 的工作和她本人的管理都带来了非常被动的影响。WT 领导可以在单独和 Lily 相处的场合交流感情，但是在公司里要刻意和 Lily 保持距离才是上策。第二，WT 领导对核心员工不够重视，或者说重视的方式方法不对。从 Lily 的描述可以看出，Lily 是核心员工之一，有能力、有潜力，又努力、又上进，是自我驱动型员工。从工作量分配来看，要把能发挥 Lily 最大价值的工作分配给她，而不是仅仅因为顺手就让 Lily 包揽那些琐碎的事情。同时，要在穿着上给 Lily 提出建议，要经常性地跟 Lily 沟通工作的细节，并且有明确的要求，第一时间辅导，第一时间提出改进建议，并提出提交改进结果的时间点，而不总是秋后算账。第三，WT 领导过于忙于业务，疏于团队管理。团队管理中核心的一点是需要增强团队凝聚力。要通过定期有组织、有计划、有创意的团建活动，将团队成员凝聚在一起，形成强大的凝聚力。"

要想在职场中前行，WT 领导和 Lily 都需要时刻思考如何弹出属于自己的更美的旋律？我们每个人又何尝不是呢？

完美管理7思维

第5课 融合思维

本部分重点：领导力行为的基础就是推行融合思维模式——勇于在不确定性中胜出。能否让融合过程呈现出最佳效果，考验的是管理者能否将自身的思维模式和业务特点，从里到外、从自身到产业链，进行完整的兼容并包。

与非共鸣同事相处的七个问题

▼

▽

在北京一个炎热的夏天，小蓝被解雇了。她不想回家，在街上漫无目的地走，分不清是汗水还是泪水，一个劲地从脸上往下淌。她猛然抬头，看到街角一家不起眼的小咖啡馆，名字居然叫“完美跳槽”。她苦笑了一下，疲惫地走到咖啡馆的角落里，静静坐下，思绪渐渐涌上心头，却如咖啡一般苦涩。

咖啡馆人很少，Amy 一眼就看到了角落里的小蓝。穿着印有“完美跳槽”LOGO 白衬衫的 Amy 端了一杯冰咖啡坐到小蓝身旁，静静地听她诉说。

“我在公司两年多了，还担任着一个行政部门的主管，感觉自己挺勤奋的，也能顺利完成领导安排的任务，同事里面也有一些交心的好朋友，从来没有主动去排斥任何同事，为什么公司业绩欠佳，我会成为第一批被裁员的对象呢？到底我犯了哪些职场错误？”

在 Amy 和小蓝的交流中了解到，小蓝是个爱憎分明的姑娘，最愿意和“同类”打交道。凡是遇到爱憎分明，说话快人快语，直截了当的同事，小蓝就特别愿意亲近，而性格迥异或者感觉互相没有磁场的同事她基本不理不睬，甚至有时不屑与其说话。小蓝不屑的态度无声无息地传递到了同事们身上，又自然而然加深了同事们对小蓝的不屑。小蓝不知负负得正在职场是谬论，在职场中，负负得黑洞，必将形成更加负面的恶性循环。需要团队合作完成任务时，小蓝就特别犯难，她孤立无援，经常要搬出领导当救兵；遇到团队活动时，小蓝只选择跟谈得来的一两个同事聊天，而那一两个性情相投、互动密集、八卦公司政治的同事也仅仅是敷衍一下小蓝，他们更愿意融入大团队里面；如果团队中出现分歧或者矛盾时，小蓝发现，即使自己站在有道理的一方，结果还是被否定、被抛弃、被不屑一顾。

领导开始还会要求团队成员不要忽视小蓝的建议和方案，但是小蓝被否定的次数多了，领导也就听之任之了。久而久之，小蓝变得很孤独，这种孤独让她越发沉默了。

你们一定已经确认，不要和小蓝一样在职场上越来越沉默，再沉默下去就要成职场奇葩了。团队的力量远远大于个人的力量，个人再强，如果无法融入团队，立足都很困难，更不要谈发展。学会和自己不喜欢的人相处是职场中的必修课。（以下对于职场中自己不喜欢的人简称“非共鸣同事”）

△ 融合思维问题一：只看自己的好，不看他人的好。

职场是工作场所，不是娱乐和生活场所。不要自视清高，觉得其他人一无是处，一无所长。不要低估公司的发展潜力和老板的智商。公司是商业机构，不可能雇佣白痴和傻瓜。如果你有这样幼稚的想法，那么，很可能是你个人的偏见。但是，偏见是可以改的，只是需要现在、立刻、马上改。不要等明天，从今天开始行动起来，提升自我认知。首先要做的就是放下对非共鸣同事的偏见。

已故的兰迪·鲍什教授在他著名的“最后一课”上说过一段话，大意是等待足够长的时间，所有人都会让你惊讶并印象深刻。当你刚对某人厌恶或者气愤的时候，你只是没给他们足够的时间和耐心。不要把同事标签化，比如，谁是朋友，谁是敌人，谁是好人，谁是坏人；要尽你所能去发现同事的优点、缺点，所喜所好，所厌所恶；再用心一点，你可以准备一个小本子，记录你所关注的同事的核心特征，尤其是和你密切接触的同部门的同级、上级和下级，以及跨部门的同事。同时，找出哪些话题、哪些事情是和他们打交道的禁忌，比如，不要在刚刚流产的同事面前大谈特谈孩子的话题，不要在身材欠佳的同事面前大秀特秀火辣的身材；要找出非正式的组织关系，团队里面哪些是老乡，哪些是校友，哪些是同一批入职的管培生。以上这些信息对你建立、参与或者创建正式、非正式的人际网络具有极高的参考价值，同时，对你参与或者主导团队合作，以及其他分析和决策有不可小觑的助推作用。

▲ 融合思维对策一：尽可能地去发现并欣赏对方的长处和优势。

△ 融合思维问题二：只说自己的好，不说他人的好。

永远不要吝啬赞美，但也不要空洞地赞美，虚伪的赞美比不赞美更可怕！要及时、准确、客观地赞美同事。如果你的赞美没有任何反馈，不要着急，不要泄气，只要是真诚的，发自内心的，就持续做。同时，要善于慧眼洞察团队里面沟通表达能力出色的同事，看看他们是怎么做到恰如其分地赞美的？要惟妙惟肖地模仿他们，肆无忌惮地学习他们。“三人行必有我师”。

▲ 融合思维对策二：随时发自内心地赞美非共鸣同事的。

△ 融合思维问题三：只有别人对我好，我才对别人好。

真诚的付出和辅导本没有先后之分。但是坦白地讲，多数人都不愿意在看不到回报的情况下付出。从感性的角度上看，这是非常正常的心理反馈，然而从理性角度来讲，身在职场就要有所提升，有所建树，要团结一切能团结的力量，尽自己所能去争取支持者。这不是简单地拉帮结派，这是你个人的职业修养的表现。如果你是一位管理者，你更有必要团结反对者或者那些对你不置可否的同事，他们是你管理过程中的障碍，也是你提升管理能力的机会。

▲ 融合思维对策三：真诚地帮助和辅导那些非共鸣同事。

△ 融合思维问题四：自己没他人好，就嫉妒他人好。

职场里有些不喜欢他人的情感，其真实心理是嫉妒。嫉妒是一颗带着恶的种子。莎士比亚曾经说过："像空气一样轻的小事，对于一个嫉妒的人，也会变成天书一样坚强的确证；也许这就可以引起一场是非。"对个人来讲，内心失衡会时不时被翻江倒海的负能量海啸霸凌；对和我们共事的同事来讲，他们经常会被嫉妒引发的外在情绪、反常的举止搞得或哭笑不得，或一头雾水，或匪夷所思。当然，你可能自作聪明地认为嫉妒也是一种职场策略，可以联合所有嫉妒的同事排挤被嫉妒的同事。实际情况是，尽管你和你的同事排挤成功了，但你很悲哀，你的处境也很悲哀。这是因为，如果一家企业能对这种正不压邪的行为不闻不问，那么，这样的企业的发展将会存在很大的局限性。反过来，如果你和你的同事排挤失败了，你也很悲哀，这是自取其辱的悲哀。

你应该做的是，放下嫉妒，代之以欣赏，这一点你一定能做到，你还可以做得越来越好。相信改变的力量，相信能成为更美好的自己的力量。走更美好的路，让别人去嫉妒吧！

▲ 融合思维对策四：抛弃嫉妒的负能量。

融合思维问题五：不清楚如何正确表达自己或者他人的好和不好。

职场中不喜欢他人的原因还有可能是彼此误会。《责备游戏》的作者本·达特纳是一位组织心理学家，他认为："保持喜怒不形于色很重要。除此之外，还要始终保持职业化和积极的状态。"新华社记者唐师曾曾经在博客中说道："做好一个记者，需要敏锐的观察力，流畅的表达力，深刻的领悟力。"在职场中修炼成精，这三点非常重要，而重中之重就是沟通和表达。它是观察力和领悟力的外化。我们深知当今世界不仅仅存在竞争，更多的是连接。要通过提升自己的观察力和领悟力，让沟通和表达清晰、精准，主次分明，恰如其分。同时，由于团队的构成是多元化的，团队成员会拥有不同的价值观，这就需要我们更开放、更包容地去沟通和表达。不管是误会他人或者被误会，都不要逃避，逃避解决不了任何问题，可能还会带来更多的问题。

每天睡前反省一下自己是否误会了他人，是否被误会了。分析一下不喜欢某人或者不被某人喜欢的深层次原因，是信息不对称引起的，还是没有客观地就事论事？职场沟通切记：对事不对人！如果真是误会别人了，找个合适的机会，亲自解释一下，或者借外力解释一下，对他人造成负面影响的时候要真诚道歉，因为任何人都无法拒绝真诚。尽量将被误会方的损失程度降到最低，大事化小，小事化了。如果是被误会了，找个合适的机会，自己亲自澄清一下，或者借外力澄清一下。漂亮地解决误会，点到为止即可。不要对误会方纠缠不放，不要沉浸在误会的情绪里自怨自艾，适时适地给误会方一个台阶下，你的大度会给你的职场发展加分。

▲ 融合思维对策五：保持喜怒不形于色的同时，不断提升自己职业化的沟通和表达能力。

△ 融合思维问题六：总是自我感觉过好。

不喜欢他人的情绪还有可能是自满。莎士比亚曾说过："谦逊是最高的克己功夫。"要时刻提醒自己："你没有想象中的那么优秀。"不要总是自我感觉过好，总认为别人没你聪明是无知的表现。要用谦逊取代自满。

描述人的这种现象有一个学术名词，焦作达克效应（D-K effect），全称为邓宁-克鲁格效应（Dunning-Kruger effect）。它是一种认知偏差现象，指的是能力欠缺的人在自己欠考虑的决定的基础上得出错误结论，但是无法正确认识到自身的不足，辨别错误行为。这些能力欠缺者们沉浸在自我营造的虚幻的优势之中，常常高估自己的能力水平，却无法客观评价他人的能力。权威调查显示，达克效应普遍存在。

清华大学宁向东教授的管理学课上提到一组数据：2011 年，曾经有一个包括 2000 位经理人的大规模调查统计，高达 90% 以上的经理人都认为自己诚信正直，而其下属们对此问题持肯定答案的人数只接近 50%；在沟通努力方面，90% 的经理人认为自己做得非常出色，而其下属中只有不到 60% 的人同意经理人的自我评价。也就是说，在下属眼里，这些经理人并没有他们自己想象得那样好。

那么，如何解决自视甚高的问题呢？宁向东教授分享了在他看来最有效的办法，就是努力从他人眼里看到自己的影子。他分享了哈佛商学院一位教授的方法，即邀请 10～12 个人，他们可以是老师、家人、朋友，也可以是同事或者客户，请他们来描述你的 3 个优点和 3 个缺点，尽量写出具体事例并描述当时的情境；然后，通过分析这些事例和具体的描述，来获得自己在他人眼中的印象。

小蓝通过自我反省，发现自己经常性地自视清高、自命不凡，造成了与同事的疏远。《尚书·大禹谟》中有一句："满招损，谦受益。"我们和小蓝一起共勉。

▲ 融合思维对策六：抛弃自满的负能量，保持谦逊是职场的通行证。

△ 融合思维问题七：不珍惜同事对你的好。

不要忽视你的支持者。发自内心的善意和真诚地支持你的同事在职场的价值堪比钻石，弥足珍贵。他们是你职场发展的坚强后盾，是你的贵人。客观地讲，在职场上，即便你有礼有节，容忍克己，释放无限善意和爱意，还是会有人不喜欢你。这是很正常的现象，你无法改变别人的想法。但是，你的支持者会在你被冷落的时候，不断给你温暖；在你遇到困难的时候，给你力量；在你偶尔犯了小错误的时候，给你包容和理解，同时，给你创造改错的机会；在你遇到难题一筹莫展的时候，给你建设性的建议。所以，我们要在不断完善自己的同时，坚定而有力地支持你的支持者，用真诚的爱拥抱真诚爱你的职场支持性人际网络。

▲ 融合思维对策七：对于你的支持者要持续地关注和真诚付出，但最重要的是，你要做到不断地自我发展，让自己值得他们无怨无悔地支持。

Amy 和小蓝分享“与职场非共鸣同事相处七步法”后，小蓝若有所思地点点头，决定赶紧把必修课的学分认真修完，去迎接新的职场旅程。当小艾准备起身离开时，Amy 又说出了让小艾颇感意外的一番话：“小蓝，你被裁的这件事，你的领导确实有改善空间，但是你个人要负主要责任。

为什么这么说呢？首先，因为团队成员的性格、价值观以及地域等都不尽相同，多元化必然会导致很多冲突。所以，领导在管理团队的过程中，需要时刻保持敏锐的洞察力，发现小蓝这样有点自满的苗头产生时，要及时和小蓝沟通，要明确要求小蓝提升自己的认知能力，认清自身的价值，并认可其他同事的价值。同时，和小蓝共同设定改善自我的具体方案，并持续监督改善过程，辅导小蓝持续完善。其次，领导要明确要求小蓝走出人际交往的舒适区，学会和自己不喜欢的同事沟通，这是职场的必修课，需要不断地学习和践行。同时，领导也需要严格要求自己走出管理的舒适区，对于工作表现和业绩不错，但是个性突出的下属要加倍关注。这类员工需要更多的价值观的引导和彼此敞开心扉平等、真诚地沟通。在非正式场合，领导可以扮演大哥或大姐的类亲情角色，发自内心地关心下属的生活，因为平等和真诚是走进下属世界最近的路。最后，领导要培养团队的凝聚力。要善于打破团队原有的格局，创造机会让不同性格、不同的部门同事组成小组，去完成一项共同的任务。小蓝心直口快，最好能和性格内敛的同事多交流、多共事。与性格互补的同事在一起可以互相学习，互相提高。

管理者中老好人的七个问题

▼

▽

△ 融合思维问题八：在职场上不懂得恰如其分地拒绝，即适时对同事说“不”。不会说“不”的核心原因之一是没有设定好工作职责的边界。

Amy 每次见到小昕（Amy 的前同事）时，都会绽放美丽的笑容。小昕是一位非常可爱、热心的姑娘，公司所有人都非常喜欢她。尽管如此，服务当前公司三年有余的小昕一直在主管岗位上原地踏步，看着和她同时加入公司的同事一个个都升职了，她心里也暗暗着急。最近，Angela 加盟了小昕他们公司，成为小昕的新领导，所以，小昕的工作也随之发生了一些转机。

新领导 Angela 和小昕接触不久就发现了小昕的问题所在。处处留心的小昕是公司名副其实的“活词典”，虽然她只是薪酬主管，但是所有员工只要有问题，哪怕是和她职责不太相关的事，都爱向她咨询，她也毫无怨言、乐此不疲地帮忙协调、解决。小昕的同情心泛滥使得她大部分工作时间都在忙于协调、解决各种问题，真正的工作要靠加班才能完成。这样做的后果是，既无休止地增加了自己的工作量，又影响了人力资源部的工作效率。

意识到小昕工作问题的严重性后，Angela和小昕展开了一次推心置腹的谈话。她首先肯定了小昕的工作态度和成绩，接着就开诚布公地指出小昕的问题所在——不会适时地拒绝，核心原因之一就是没有界定好工作职责的边界。Angela贴心地询问小昕为什么会形成这样的风格，小昕表示其实她也不想这样，但是看到其他员工焦虑无助的眼神和他们的软磨硬泡，加上自己腾点时间出来能帮忙协调、解决问题，所以就会不由自主地去帮助他们。还有一个原因就是担心得罪同事，而一味地迁就、迎合。

Angela由衷地肯定了小昕对他人富有同理心的优点，同时建议小昕做一个功课。第一，要全面细致地梳理自己的岗位职责，并烂熟于心。重点关注职责的边界；第二，要尝试坚定而有力地拒绝。老好人的特点就是很难拒绝别人，面对一些过度依赖同事解决问题的员工，要坚持原则，捍卫底线，要有理有节地拒绝。第三，要组织人力资源部的同事共同梳理当前问题的来龙去脉，总结关键因素。通过完善人力资源部制度和流程来解决问题，让员工清晰地认识到遇到问题需要通过正规的流程来解决，并在各种场合倡导员工按照公司流程来行动，用践行完善的规章制度去营造组织的良好工作氛围。

▲ 融合思维对策八：学会恰如其分地说“不”！

职场生存的核心技能之一是要做到明确自己工作职责的边界。在合理的边界范围内，给同事提供支持无可厚非，如果超出边界范围的事情，就要建议同事按照流程、制度走，坚定有力地拒绝同事无理、无限或过度依赖人情世故的个性化要求。职场总有一些希望通过投机取巧，或是巧取豪夺同事业绩来提升自己地位的无情人士，而老好人经常成为被他们利用的对象。面对无情人士的过分要求，礼貌而又坚定地拒绝是烂好人保护自己，立足职场的黄金法则。

△ 融合思维问题九：职场不懂得恰如其分地拒绝，即适时对同事说“不”。不会说“不”的核心原因之二是没有学会职场时间管理。

时间管理是我们终身都要学习的功课，尤其是小昕这样的烂好人，在职场时间管理上就更需要提高。身在职场的小昕特别善良，但由于总是将满足别人的需求排在自己的需求之前，随时随地对同事的要求进行反馈，经常盲目地用大把时间为同事们忙这忙那，耽误了自己的工作。人力资源部是跨部门合作特别多的部门，如果为同事的各种鸡毛蒜皮的小事忙碌，可能一天 24 小时不休息都忙不过来。Angela 在和小昕的一次两人午餐期间，给出了三个建议：

第一，通过对过往的职场时间分析，找出自己职场高效率工作的核心时间，运用核心时间处理最重要和最紧急的工作。第二，确定核心时间以后，在核心时间里要尽可能地保证不让任何同事打扰。必要时可以用群发邮件的方式告知跨部门同事们在一个集中的时间来办理某项业务，询问某些事情。需要汇总数据时，提前邮件告知所有同事工作的计划和截止时间。面对一些同事带着非重要、非紧急事的不请自扰，要礼貌而温和地和他沟通，告知他目前不太方便，共同商量一个双方都适合的时间来讨论，或者让对方先以邮件的方式说明问题，自己在两个工作日内，或者更合理的时间给他回邮件。第三，不要长期、盲目地加班。明智的职场时间管理是在八小时内高效率地完成本职工作，在业余时间丰富完善自己。人不是机器，长期、盲目地加班会让身心俱疲，会让人对工作产生无名的厌倦，不利于个人职业发展。

▲ 融合思维对策九：学会恰如其分地说“不”！

职场生存的核心技能之二是要做到正确的职场时间管理。时间是我们的朋友，管理好的时候，时间是我们深情相拥的知己，管理不好的时候，时间就会成为无情抛弃我们的陌路。职场老好人经常犯的老毛病就是爱惜他人时间如钻石，而面对自己的宝贵时间却是无知耗费。这个职场坏习惯要立刻摈弃。时间是职场竞争的重要武器，职场老好人要放下无限牺牲自我成就他人的盲目奉献心态，珍惜自己的时间，智慧地管理职场时间，让时间为我所用，让时间为我服务，成就高度职业化的我，游刃有余的我，实现成功的我。

△ 融合思维问题十：职场不懂得恰如其分地拒绝，即适时对同事说“不”。重要的事情说三遍，不会说“不”的核心原因之三是没有提高职场中的情商。

李开复曾经说过：“美国有一篇很有名的文章，用数学方法分析那些最成功的人，结果发现在任何领域工作，情商的重要性都比智商高两倍。在更高职位上的人，例如管理者，情商的重要性比智商高 9 倍。”

数据分析的结果证明，高情商是职场发展的通行证。烂好人多数都是宁可自己受尽委屈、耗尽全力也要对所有人好，为了积攒人脉，赢得好人缘，可以毫无选择的什么事情都答应。这么做真的有好下场吗？许许多多职场案例告诉我们，做老好人最终只能落得给人跑龙套或者做垫脚石的悲惨下场。

小昕偶尔也会意识到自己的问题，但是苦于多年形成的习惯无法改变而烦恼。那么，她该如何改变？如何自我觉醒呢？Angela 在一次分享会上给大家上了一课。

一般来说，人与人之间的互助关系会经历三个阶段——感性的单向冲动、理性的互惠关系和健康有力的价值流动。（三阶段定义参考静美同学知乎专栏“框架的力量——YouCore ©”）感性的单向冲动就是比较纯粹的欣赏和帮助，在大多数情况下，人脉建立的第一步都是比较感性的。感性来源于个人的偏好，有的欣赏勤奋，有的欣赏高颜值，有的欣赏才华横溢等，大千世界，偏好迥异。这个阶段建立关系的方法之一就是不断提升自身的职场竞争力和个人魅力，尤其是你所在组织特别关注的个人特质。方法之二就是大胆自信地公开提出个人需求，主动寻求帮助。放下所谓的“拉不下面子”的心理，也放下有求必应的高期望心理，至少你和想建立关系的同事建立了连接，还有可能获得援手。

主动单向感性冲动后，如果另外一方也有所表示，接下来就极有可能进入第二个阶段——理性的互惠关系。当然，理性的互惠关系可能还存在于常见的商业行为，即其中一方本着互惠关系才主动建立的联系。这个阶段建立良好关系的方法之一是降低个人的期望值，包括对过程的期待，对回报的期待。吃点小亏但不要吃大亏，同时期待少一点，这样不会造成过度失望的心理。方法之二是避免一味地索取或者要求对方无私奉献，要求回报但不要超过对方想给的。互惠互利才能长久，做不到等于号至少要做到约等于号。第二阶段中的互惠关系是一次完整的博弈过程，之所以说博弈，是因为主动付出后的回报概率经常是不可控的，而如果在多次博弈后，双方已经有意无意地确认了对方的回报概率，找到了博弈的平衡点，即双方同时能够坦然接受这种稳定的互惠关系，这就已经进入了第三阶段——健康的价值流动。

第三阶段建立良好关系的方法是找到双方的利益共同体，或者事业共同体，甚至是命运共同体。这是需要双方共同努力以及时间、空间等多维度的契机的。

对于小昕这样的老好人，为什么一谈到拒绝就那么难呢？“马徐骏·世界名刊速读”介绍了《今日心理学》9月刊的一篇文章，名叫《世界上最难说出口的话》，这篇文章讨论了为什么拒绝人这么难，以及如何学会拒绝。

研究人员发现，从进化的角度来说，我们之所以很难拒绝别人，是因为我们的祖先认为和别人保持一致是一种生存策略。如果你到了一个新地方，不知道什么东西该吃，不知道怎么做事，那最安全的方式就是和周围的人保持一致。在行为上，你会模仿别人，别人提出的要求，你也会同意，免得受到排挤，威胁到自己的安全。所以，认同和接受其实是一种本能。

那么，什么样的人更不容易拒绝别人呢？文章说，第一类是青少年。很多时候，青少年不知道该怎么拒绝，年纪大一点的人，有了经验，就有了更多拒绝别人的技巧。第二类是需要归属感的人。心理学家发现，这类人比一般人更难拒绝别人，因为他们害怕被排斥。那些有同情心的人也一样，因为他们不忍心看到别人伤心。第三类是女性。尤其是在工作方面，有研究表明，在工作上，女性更少拒绝别人，因为不太拒绝别人的女性在工作中得到的评价会更高，而经常拒绝别人的女性会受到排挤。所以，老好人常常存在于这三类人群之中。

那如何拥有拒绝的能力呢？文章给出了以下几个建议：

第一，不要夸大别人被自己拒绝之后的反应。其实大部分寻求帮助的人，并没有期待一个肯定的答复，所以他们不太会因为拒绝而有太激烈的反应。

第二，划定界限。这其实就是一个简单的话术调整。比如，有人跟你借钱，你可以说：“不好意思，我从不借钱给别人，这是我的原则”，意思就是，不只是针对你，没有例外。这就叫划定界限，告诉别人这是你一贯的原则，是不能改变的。

第三，因为不是所有事情都能联系到原则问题，所以拒绝的时候，给出的理由不能让对方有突破口。也就是，拒绝要坚决，不要给一个模棱两可的回答，这样只会让对方期望更高。

第四，可以通过练习来模拟拒绝的情景。你可以在脑海里反复练习说“不”，等你真要开口的时候，就容易多了。

Amy 曾经也是一位职场老好人，在屡次受挫后痛定思痛下决心改变。通过大量的阅读和实战练习，一段时间后，Amy 的职场关系向良性方向发展。**针对老好人如何改善职场形象的问题，**Amy 提出三个建议，供大家参考：

第一，果断放弃“无效的人脉关系”。其中包括一厢情愿地无限付出和长期内心失衡的交往关系。不要自欺欺人，不要被表象迷惑，更不要把自己当成不求任何回报的职场圣人。像谈恋爱一样，长期付出之后，没有得到任何回报，就要收回精力，投入到更有价值的关系里去。单方面的付出和不对等的关系，不但不能给你带来好的人脉资源，反而会让你身心受伤。这样的关系，维持点头之交足矣。

第二，坚定有力地亮出职场做人的边界，即你的职场交往原则和底线。当捍卫自己的权利和原则时，拒绝成为你受人尊重的开始，而不是你想象的双方关系恶化的起点。

第三，当你习惯被绑架，无法拒绝时，要像职业演员一样，上演一

出名为《拒绝》的独角戏。众所周知，一个习惯的养成至少需要 21 天，所以，请利用 21 天的时间，穿上适合职场的“戏服”，慢慢进入那个懂得拒绝的角色当中。

得体、有气场的职业装会成为你发展职场良性关系的重要道具。重要的事情说三遍！Amy 和小昕都有一个追求穿着舒适的心理，运动鞋、休闲服和素颜一度成为我们职场工作的主流装扮，殊不知形象管理是职场发展的重要法则。

首先，要对人的生理反应有一个基本了解。人通过五官获取信息，其中有 70%～80% 是通过视觉获取的，因此视觉营销很重要。在职场上，要通过专业的形象管理对自己进行营销，简约大方的职业装加上淡妆会给我们加分，也会给我们强烈的心理暗示，暗示我们在职场上要做职业人士。哪怕有些形象和行动不在自己的舒适区，也要像演员一样去扮演好心中职业的自己。职场不允许任性，如果不能很好地进入职场角色，就多彩排几次。职场中用到的一衣一物，大到职业化沟通的语言和思维，小到常用的口红、常穿的袜子、常用的笔，都需要职业化。如果没有经验，可以留心公司职业化程度高的人士，暗暗模仿，暗暗学习，一段时间下来就会有让你和同事刮目相看的改变。

Amy 很欣赏西方人的一句话：“Fake it until you make it”（装久成真）。相信自我改变的力量，相信认真演戏不是职场作秀，而是通过有原则、有规划、有自我掌控权的自我设定，努力打造更加职业化的自己的方法和实践。

▲ 融合思维对策十：学会恰如其分地说“不”！

职场生存的核心技能之三是要提高自己的职场情商。提高职场情商最重要的是学会恰如其分地拒绝。多数老好人内心过度敏感且脆弱，经常无限放大拒绝的后果。我们不能被不良情绪的肆意冲刷，要逆流而上，用理智战胜情感，让情绪为我们所用。《傲骨贤妻》中的 Elsbeth 是个情绪多变，但是总能出奇制胜的另类律师，Amy 很喜欢她说的一句话："I'm feeling a bit vulnerable，but I'm going to use it"（我觉得自己现在很脆弱，但我决定利用这一点）。

△ 融合思维问题十一：没有学会说"不"，更没有学会如何说"不"，尤其是面对职场霸凌。职场霸凌（Workplacebullying），泛指在工作场所，个人或团体对同事或是下属做出的不合理行为，包括言语、非言语及身体上、心理上的虐待或羞辱。Amy 认为，职场霸凌包括显性霸凌和隐性霸凌。

小昕是 Amy 的好朋友，她不止一次在和 Amy 聊天的时候谈到她硕士毕业后就职的第一家公司的领导。她说学生时代的她其实并不是别人眼里的老好人，开朗活泼，也爱就自己坚持的原则和同学进行争论。但是，跟那位领导相处的三年改变了她的性格。领导的要求出奇严格，有时一个报告被要求改几十遍，她的口头禅是"我的领导也是这么要求我的"。同时，批评下属超乎寻常的严厉，经常把同事骂哭，而且骂人很难听。他们唯有不断顺从，才能在这个部门生存。有些同事熬不住选择离开，但小昕看中了这个平台的发展，加上解决北京户口的福利，所以，就选择了逆来顺受。

长期的忍耐和迎合，小昕总算熬过了三年合同期，但是她发现，自己的性格也发生了很大变化，她沉默了很多。即使跳槽到了新公司，小昕也习惯处处谨小慎微，处处顺从，处处迎合，生怕得罪任何人。直到新领导 Angela 跟她推心置腹地交流和辅导后，才慢慢地敞开心扉，慢慢改变。

这是活生生的案例，证明了恶劣的职场霸凌可以把一个正常人推向深渊，而职场中还有无数像小昕一样遭受职场霸凌的人。随着人们获取信息渠道的逐渐畅通，显性职场霸凌越来越受到社会关注，但是由于公司保护或者操作手法比较隐蔽，很多隐性职场霸凌受害者因缺乏维权意识、碍于公司的权威性或者顾及隐私不愿将事件公布于众的现象却层出不穷。

罗伯特·萨顿是斯坦福大学商学院的管理学教授和组织行为学教授。在他的新书《如何应对无视你的人》中，就给出了应对职场霸凌的方法。**通过与遭受职场霸凌的受害者进行的数千次访谈，萨顿给出了六个建议：**

第一，保持距离。有时候，最简单的方法就是最好的方法。

随着距离变远，沟通会变少。一项研究发现，人们跟与其座位相隔2米的同事定期聊天的概率比跟与其座位相隔20米的同事定期聊天的概率高出3倍。2013—2015年，一项追踪了一家科技公司2000名员工的研究表明，如果一位有不好行为的员工坐在你附近，你自己表现出不好行为的概率会上升1.5倍；而且，座位距离表现不好员工8米以内的人离职概率也高出1倍。

第二，减少互动，并放慢互动节奏。

尽可能减少对有负面行为同事的回应，如果要回应，也要过上一阵，再冷静、沉着地回应。因为你的即时回应，有可能增强负面行为实施者的动力。

第三，建立预警系统。

很多电影中都有这样的情节：在那些“极品”老板进入办公室之

前，会有人通知大家，大 Boss 马上要来了，然后每个人就会进入所谓的工作状态。

第四，转换自己的视角，也就是用积极的态度看待自己正经历的一切。

比如，告诉自己不能怪你（她就是个垃圾，垃圾人做垃圾事）、降低事情的严重性（这只是件小事）、关注好的方面（确实，我老板就是个“极品”，但他也教了我很多），以及把眼界放高（米歇尔·奥巴马说过：“他人往低处沦陷，我们往高处前行”）。其他转换视角的方法包括站在遥远的未来看待自己当前的困境——这不算什么；告诉自己这一切终将过去，未来一定很美好；以及通过转换身份来实现情感脱离。

第五，努力化敌为友。

心理学家说：“存在一种本杰明·富兰克林效应。”本杰明·富兰克林是美国国父之一，是杰出的作家、发明家和政治家。在他年轻时，有一位同龄人公开发表演讲抨击富兰克林。富兰克林没有骂回去，而是给批评者写了封信，请求借一本自己没有的书。那个人把书送了过来。不久，富兰克林把书还给人家，还写了一封热情洋溢的感谢信。富兰克林说：“那个人自此之后为我赴汤蹈火、在所不辞，我们成为最好的朋友。”这份友谊一直延续到他生命的最后一刻。富兰克林效应就是我们都喜欢喜欢自己的人，不喜欢不喜欢自己的人。

第六，确认自己是否就是职场恶霸。

罗伯特·萨顿说：“根据《美国职场欺凌调查》，近一半的调查对象表示自己曾经被欺凌或者目睹职场欺凌行为，只有不到 1% 的人承认自己就是那个作恶的人。这也很正常，因为认清自己总是最难得的。但是，我们最好还是搞明白其他人是如何看待我们的。（摘自得到 APP 李

翔商业内参）

Amy 在职场遇到过职场霸凌，也认为如果参考罗伯特·萨顿教授的建议和方法，那么这种现象会在一定程度上有所改善。但是在 Amy 看来，改变自己还远远不够，我们要共同携手，改变职场生存环境。下面是 Amy 的亲身经历。

那是一家老国企，当时 Amy 作为特殊人才被引进，担任副经理。由于入职不久就做出了突出的业绩，所以遭到经理的嫉妒。经理的领导——总经理的脾气也很大，经常跟经理大发雷霆，造成经理情绪变幻无常。公司规定，中午午休 1 小时，下午 1 点上班。有一次 Amy 下午 1 点零 1 分进的办公室，被经理记录为迟到，而且让行政部门的小姑娘当面记录 Amy 迟到，并当着所有同事的面严厉批评，使得 Amy 颜面扫地。类似的小事很多，但是 Amy 没有隐忍，毅然放弃别人艳羡的国企工作，选择了辞职。多年后，Amy 回忆起当时辞职的举动，也没有后悔。

在读者看来，Amy 和小昕一样，都遇到了“极品”老板。没错！但是 Amy 最想和读者一起探讨的是“极品”老板对于职场环境的影响。领导是极品，领导的领导通常也是极品。职场霸凌就像瘟疫一样不断传播，霸凌文化像幽灵一样弥漫在企业的每个角落，使得员工的人格和灵魂饱受摧残。小昕是为了北京户口委曲求全，还有更多的“小昕”被各种各样的利益、关系牵绊，比如办公室政治、权利之争、性骚扰，或者遭遇情绪多变、独裁的“极品”老板等。那么，面对这些，我们应该如何应对呢？

反对职场霸凌的核心要素之一，是重点关注企业的文化。要通过各种渠道和方式全面了解所在企业的文化，在民营企业中，尤其要关注老板文化，因为老板的风格决定了企业的风格。如果你的老板经常出现霸凌现象，要果断离开，趁早离开；如果只是自己的直属领导经常出现霸凌现象，那么，就要认真客观地分析霸凌背后的逻辑，是老板的性格使然，还是老板排挤你而刻意为之，抑或是老板的压力过大，找出气筒等。切记见机行事，随机应变是复杂职场生存的法宝。要使出浑身解数，借助一切可以帮助自己的力量，去改变自己的职场生存环境；要学会取证，学会向上申诉，学会为自己发声，学会保护自己。

《傲骨贤妻》里的 Eli Gold 说过一句话，分享给大家——“Absence of ‘Yes’ times time equals ‘No’”，字面意思是不说“是”乘以时间就等于说“不”。这就告诉我们，在职场中要学会运用时间的力量，明智地说“不”。不要自怨自艾，不要听天由命，当遇到高附加值、高福利的工作时，也不要像小昕那样忍气吞声，因为扭曲性格的代价太大了，恢复正常的人格会很漫长。要尽量争取更多同事的支持，比如要让人力资源部的同事成为你抗击霸凌的战友，智慧地去反抗职场霸凌。如果不是老板霸凌，而是直属领导霸凌，你也认为当前的这个企业还可以作为职业发展的平台的话，可以考虑调岗，换个领导或者换个部门试一试。如果内部调岗无望，切记走为上策。当然，在你对职业规划感到迷茫的时候，可以看看相关的书，比如《完美跳槽》，Amy 在书中给出了 158 个跳槽难点和盲点，并进行了详尽的跳槽辅导。

反抗职场霸凌的核心要素之二，是人力资源部义务打造有良心、有道德、有温度的企业文化。一个企业的人力资源部不仅要在专业上付出，还要在企业文化营造上下功夫。

第一，制度上要明令禁止职场霸凌行为。霸凌细节可以罗列到员工手册上，比如对员工实施的威胁、咆哮、羞辱等行为；比如对员工吹毛求疵；比如孤立排挤员工，使用伤害员工的行动和言语；比如剽窃员工的工作成果；等等。面对职场霸凌要勇敢地说“不”，不要碍于老板和高管的权威，不要用各种貌似美丽，实则虚伪的词汇给职场霸凌穿上空洞的外衣，比如，“老板这样做都是为你好，都是为了激励你快速成长”，其实，这些都是赤裸裸的道德绑架。

第二，要重点关注特殊人群。有调查数据显示，老好人、实习生、职场新人、乖巧型女生和性感艳丽型女生，是遭受职场霸凌的重灾区。人力资源部门要经常听听他们内心的真实想法，要主动关心他们，爱护他们，教会他们自我保护的方法；要鼓励他们发声，说出事实的真相，同时要智慧地保护好他们的隐私。

第三，要严厉惩罚职场霸凌的施害者，“杀一儆百”。施害者的业绩再好，岗位再重要，服务企业的时间再长，老板再说情，人力资源部门都要坚持原则，不能有任何妥协。要严格执行惩罚制度，该警告警告，该开除开除。要让职场霸凌无处逢生，因为哪怕一次妥协，都会纵容职场霸凌的不断滋生，这会给企业发展带来巨大的代价。

第四，人力资源部门的培训要在“杜绝职场霸凌”上大做文章。人力资源部门有义务维护职场良性发展环境，可以定期邀请专业人士，特别是精通心理学的专家为员工提供如何管理自己的职场行为和情绪等方面的培训和辅导。

第五，人力资源部门首先要以身作则，本部门要杜绝一切职场霸凌行为。尤其是在公司裁员过程中，要释放最大的善意，陪伴员工度过一段艰辛岁月。

第六，要加强公司的团队建设，特别是跨部门、跨地域的团队建设。有效的团队建设可以增强团队的凝聚力，消除大家的陌生感和不必要的误会。员工之间情感的培养可以大大降低团队的沟通成本。

第七，招聘时杜绝有职场霸凌倾向的人群。要将人品好排在招聘要求第一位，存在人品不好，不尊重自己和同事，无情压榨同事和下级等问题和行为，或是有此类倾向的，都要毫不留情地拒之门外。

反抗职场霸凌的核心要素之三，是立志做职场霸凌的绝缘体。我们每个人都应该扪心自问："自己是不是一位职场霸凌的施害者？"如果是，请立刻停止霸凌的脚步；如果不是，请感谢自己，感谢自己能够做到"己所不欲，勿施于人"。把《经理人》上的一组数据分享给大家，数据一是 54% 的上班族曾遭受过职场霸凌，包括言语、行动、肢体、互动等广义的暴力行为；数据二是职场霸凌发生率最高的人群是贸易流通、媒体出版、传统制造业；数据三是女性被霸凌的比例比男性高；数据四是 60% 以上的上班族每周至少被霸凌 1 次；数据五是 37% 的上班族几乎每天都被霸凌；数据六是 35% 的上班族认为，霸凌最普遍的表现形式是背后攻击、遭受小团队排挤和冷嘲热讽。这组数据告诉我们，霸凌无处不在。

我常常想，为什么文明发展到现在，职场环境还是如此不堪呢？这个问题值得深究。在 Amy 看来，无所谓地位高低、财产多少、权力大小，我们都要做职场霸凌的绝缘体。这一点是可以植入我们血液的。试想一下，如果我们的孩子遭受了校园霸凌，我们会有多么义愤填膺。职场也是一个大学校，每个员工都是父母的心肝宝贝，每个人都需要被公平对待，并得到应有的尊重。

还有一点也不要忽视——在不做霸凌者的同时，也不要做霸凌者的"帮凶"。助纣为虐比霸凌更可怕，更令人心寒。帮助霸凌者掩盖事实真相，或者无视、漠视霸凌者对施害者的行为也是一种霸凌，是可恶可恨的隐性霸凌。做人做事要对得起自己的良心，不要为了一点眼前的利益而恬不知耻、苟且偷生地为霸凌者服务，为霸凌者洗白。给予受害者最大的同情、善意、帮助、辅导，是每一个有良知的人需要做的。因为这是受害者继续前行的动力，也是职场环境越来越健康的保障。

反抗职场霸凌的核心要素之四，是随时随地释放善意。在 Amy 看来，穿再高级的名牌、画再美的妆容、开再奢侈的车、住再昂贵的豪宅，都不及拥有一种无价的奢侈品——善意。善意是无价的，她充满了人性的光辉。善意是温暖的话语，鼓励的拥抱，同情的眼神，不计前嫌的理解，举手之劳的帮助，及时有效的安慰，敢于说出事实的勇气，困境中的鼎力相助，雪中送炭的关怀，敢于和霸凌有礼有节斗争的态度，还是和同事、团队、平台一起携手互帮互助的微笑的脸庞。

生命是一场奢侈的修行。对于每个人而言，是没有底线地、无节制地通过各种霸凌追求名和利，还是把善意当作不可或缺的奢侈品，都是个人的选择，选择之前请三思。有一个问题可以问问自己：我希望将来我的孩子怎么看待我？是霸凌者还是善意的爸爸或妈妈？或者说，当看到效仿霸凌父母的孩子成为校园霸凌、家庭霸凌、职场霸凌的施害者时，身为父母的你们情何以堪呢？在 Amy 看来，身为父母，留给孩子最大的财产不是有形的物质财产，名车、豪宅等，而是良好的教养，充满善意的教养——君子的教养、骑士的教养。灵魂高贵的人性会照亮世界，也会照亮所有带着善意前行的路人的脸庞。

反抗职场霸凌的核心要素之五，是杜绝校园霸凌。核心要素之六，是杜绝家庭霸凌。核心要素之七，是杜绝世界霸凌。人类生活在地球上，尽管肤色不同、种族不同、文化不同，但是每个人都值得世界温柔相待。校园和谐了，监狱就少了；家庭和谐了，孩子就温暖了；世界和谐了，战争就消失了。世界上每个角落出生的孩子都是地球的天使，你的，我的，我们的天使。我们要一起为天使营造一片和谐的蓝天，我们要一起做善意的天使，做人生字典里没有“霸凌”二字的天使。

▲ 融合思维对策十一：学会如何说“不”。

面对职场霸凌，要永远说“不”！勇敢地说“不”！坚定地说“不”！永远不做职场霸凌者，永远直面职场霸凌者，在保护好自己的同时，给霸凌者法律上和道德上严厉的、正义的反击。相信邪不压正，相信正义的力量，相信爱的力量，艰难时果断选择走为上策。离开霸凌的环境，选择一个有安全感的环境，更适合自己发展的环境，有温暖、有温度、有温情的环境!。

△ 融合思维问题十二：职场老好人的形成，很多时候是讨好型人格在作祟，是一种让人衰弱的心理疾病。

关于讨好型人格，有逾 25 年临床经验的美国心理学家布莱柯专门就此写了一本书，叫《讨好的毛病：治疗讨好他人的综合征》，提出为了讨好别人而不懂拒绝是一种让人衰弱的心理疾病。布莱柯将这种取悦别人、亏待自己，恨不得让除了自己之外的其他人都高兴的强迫症分成三类：认知型“好人”，相信讨好能让自己免遭他人的拒绝及刻薄；习惯型“好人”，需要每一个人的认可，被迫牺牲自己的需求而照顾他人的需求；情感逃避型“好人”，意在保护自己，逃避所畏惧的愤怒、冲突和对抗。在 Amy 看来，还有混合型老好人。前文中提到的小昕就是认知型和情感逃避型混合的类型，而 Amy 曾经是习惯型和情感逃避型混合的类型。不管你属于哪种类型，最关键的是正视自己是老好人的现实。

布莱柯的书让我们看到，一心当好人原来不是“想当然、无大碍”的问题，而是一种有害的心理疾病，它源自“好人”对自身价值的信心缺乏，渴望用对他人做好事来换取外来的肯定和赞美，这种渴望一旦成为心理定式，就会大幅降低行为者的判断力和自控力，从而使这种行为变成一种可以称为“癖”的习惯和依赖。

作为职场人士，我们既要严格提防自己掉进老好人的陷阱，又要帮助和辅导身边的老好人走出泥潭，活出更健康、更完善的自我。那么，应该如何鉴别老好人呢？布莱柯所说的“讨好他人综合征”就是人们通常说的“好人综合征”。好人综合征是可以自我测试的。心理学家建议每个人都自测一下，问自己几个简单的问题即可。例如，“你是否在想说‘不’的时候说了‘是’”“你渴望得到所有人的赞许吗”“如果有人不喜欢你，你会觉得难受吗”？诸如此类的问题都可以。但是，要遵循一个原则——对自己诚实。如果一个人对上述问题的回答都是“是”，那么他很可能已经患上了“好人综合征”。

人生是一场永不停止的修行。倘若自我检测的结果是没有老好人的征兆，我们应该庆幸，庆幸我们成长路上所处的环境和遇到的人给予了我们足够的爱、鼓励和宽容；而当我们发现自己就是一个老好人的时候，也无须恐慌，要直面自己的不足，勇敢地说出“不”，勇敢地捍卫自己的原则和底线，勇敢地做自己。心理学家指出，一个人要保持健康的心理，有合乎常理的行为，就必须保持一定的“健康界线”（Healthy Boundaries）。每个个体都生活在身体、情感和思想的健康界线之内，这个界线帮助个体判断和决定谁可以接纳，接纳到什么程度，可以为谁付出，付出到什么程度。

▲ 融合思维对策十二：意识到自己有“好人综合征”时，冷静面对事实，正视自己的不足，不断完善和健全自我人格。

作为职场老好人群体的成员，你首先要做到的是重视自己的心理健康，千万不要认为一直做个老好人是值得炫耀的事情，那是扭曲的幸福观。长此以往，它会成为毁灭你职场健康发展，生活幸福的顽疾。其次要立足改变。改变就从今天开始，从一个微笑着说“不”的小表情开始，从一个“摇摇头”的微行动开始，从一个“虽然……，但是……”的小句式开始。最后坚持不懈地做自己。要认识真实的自我，因为认识自己是做自己的前提。Be yourself!（做自己）

△ 融合思维问题十三：职场老好人有时是被别有用心的人士，特别是小人操控了，却毫无察觉或者没有给出合理的、智慧的反击。

每个人都应该有一颗高贵的灵魂，既不要操控他人，也不要被他人操控。老好人在职场中的识别度很强，因为他们总是说“是”，总是尽我所能，甚至透支自己的时间和精力去帮助他人，所以老好人和大家相处一段时间就会被看穿。善意的职场人士会在老好人给予帮助和支持的同时，用有效的实际行动给予感谢和回馈，Amy 称为他们为职场君子；而别有用心的职场小人则会利用老好人达到自己的目的。

小昕之前的一位同事小琪就是这么一个别有用心的人。她发现小昕是个老好人以后，就吃定了小昕，通过各种花言巧语把苦活累活交给小昕干，暗地里偷着乐。等到论功行赏的时候，她可是积极得一塌糊涂，声情并茂地全程汇报工作，把小昕的功劳全部据为己有，不知情的领导以为都是她的付出和努力成果。而小昕妥协惯了，既不会主动到领导面前说出自己的委屈，也不会和小琪据理力争，久而久之，小琪的职位越升越高，小昕却越来越被边缘化。

Amy 通过十余年与数以万计的应聘者沟通得到数据反馈，像小昕一样成为小人升职、加薪垫脚石的老好人不在少数。那么，**老好人如何能够发现自己被操控了？**如何摆脱被操控的局面呢？Amy 总结了三个关键点，与大家分享。

第一，要时刻提防小人。那些表面上跟你称兄道弟的同事兼闺蜜，有可能是透支和利用你感情最不留情面的角色；极品领导的各种伎俩也会让你受尽折磨。学会保护自己的关键是擦亮眼睛发现小人。有时要相信自己的直觉，直觉即潜意识的反馈，有时比你意识到的更加深刻真实。关于潜意识理论的心理学图书里面有系统分析。

第二，和小人保持距离。你无法改变小人，所以只能和他有距离地交往。不管他多想靠近你，都要坚持跟他公事公办。不要被小人貌似高明的演技欺骗了，他们只不过希望在压榨你的同时，让你以为他们是出于好意。比如，为你争取好的锻炼机会，其实就是糖衣炮弹，如果接受了这个机会，你有可能就需要耗尽全力去背黑锅，从而给自己的职场生涯带来毁灭性的打击。

第三，是坚决捍卫自己的底线和尊严。不要无限放大拒绝的负面效应，拒绝职场君子很简单，因为他们坦坦荡荡，你不用担心他们会打击报复。真正要担心害怕的是拒绝小人之后的打击报复。但是，光是有担心害怕的情绪毫无作用，要拿出实际行动来重塑自己。你只要提醒自己：对待小人要有理有节地拒绝，遇到不可理喻的小人要通过合理合法的渠道去沟通，不要被激怒，被激怒你就输了。小人会在你的情绪管理上大做文章，让明明有理的你变得无理可辨，要学会温和而有力地抗争。

“对待别人太仁慈，对待自己就太残忍！”这是很多职场老好人的写照。职场里如果对待小人太仁慈，那么，老好人自己的处境就会更加危险。身在职场要学会保护自己，拒绝被操控。

▲ 融合思维对策十三：拒绝被别有用心的人士，特别是小人操控！

职场是个竞技场，有光明正大的竞争者，也有投机取巧的职场小人，正视职场的真实环境，冷静客观地面对职场小人，用积极的心态应对，不妥协、不逃避、不畏惧，尝试各种解决方案，要借助外力和内力的合力去智慧地反击。如果真的发现一个公司里都是小人当道，那么，要果断选择离开，因为有时放弃也是一种明智的反击，比起同流合污，拥有一颗高贵的灵魂更难能可贵。

△ 融合思维问题十四：有些老好人本意是想做个职场中有魅力的人，却在无限地付出中迷失了自己。

成为职场中有魅力的人是职业发展的主旋律，一路走来，有些人由于心智不健全走入了迷途。Lily 的经历就是比较典型的案例。Lily 面对领导的各种过于苛刻的要求，百依百顺，总认为这样做个好人领导会给她好的回报。但是事实恰恰相反，面对如此有求必应的下属，领导会变本加厉地给她增加工作量，甚至连自己买咖啡和生活用品都让 Lily 代劳，完全没有顾及 Lily 的感受。

原本想做一个职场魅力女性的 Lily 到底做错了什么呢？核心问题有三个：

第一，是 Lily 百般顺从的老好人形象，这其实对领导的期望值起到反作用。越好用就越肆无忌惮地用，是有些掌控感过强的领导的管理手段。这种管理手段客观上说无法常态化、持久化，但是面对老好人型下属，经常是屡试不爽。因此，我们身在职场要做个有原则、有态度、有力量的强者，对配得上你的好的人好。把他人对我们的期望值拔得无限高只会让自己身心疲惫，不堪重负。

具体来讲，明智地管理老板的期望值的做法是学会智慧地对老板说“不”。首先，是提出反对意见之前一定要表示对领导的尊重。尊重领导的权威和人格是顺畅沟通的基础。表达尊重的行为可以是请求领导给予提出反对意见和观点的权力，这是表达尊重很有力的方式。其次，是沟通中要强调共同的目的，这样如果沟通的过程和内容有分歧，领导一般不会做出激烈反应。最后，在是理想状态下和领导友好地约定“沟通的心灵契约”。如果领导能够运用“前馈控制”的管理模式是为上策。（前馈控制指通过观察情况、收集整理信息、掌握规律、预测趋势，正确预计未来可能出现的问题，提前采取措施，将可能发生的偏差消除在萌芽状态，为避免在未来不同发展阶段可能出现的问题而事先采取的措施）元老为什么能和领导顺畅沟通，在很大程度上是因为他们和领导已经磨合形成了非正式的心灵契约。作为新人或者“空降兵”来讲，要主动和领导建立沟通的心灵契约，最佳的场合就是领导心情大好的时候或者公司有好消息的时候。一旦建立了心灵契约，当你跟领导的意见出现分歧的时候，双方都会本着就事论事的原则，去维护共赢的局面。领导是压力很大的群体，难免会情绪化，这个非正式的约定会让领导在面对情绪化时及时刹车。

第二，是 Lily 混淆了做好事情和做好人的区别。在职场中，做好事情是最重要的。有时为了做好一件事需要有原则地拒绝和有态度地反驳，这经常是和我们传统意义上做好人相违背的。不要期望所有人说你是个好人，你的行动只要是正确的，哪怕得罪了一些人，都很正常。“好人”有时是一些别有用心的人对你的道德绑架，或者更可能是成长过程中扭曲的人格的自我道德绑架。要不断提升自我认知，让自我认知不断升级，在做好事情的前提下做个有强认知的好人。强认知包括对自我清晰的认知，对他人清晰的认知，对职场清晰的认知。

第三，是 lily 对职场魅力没有正确的认知。做职场有魅力的人的核心要素是有自我原则和自我人格。如果我们清晰地知道自己的职业目标，在前行的路上就不还会盲目和迷茫。老好人经常是无原则地帮助，甚至是无限牺牲自己去帮助，这样的做法不会得到职场同仁发自内心的尊重，只会越来越被动。完善自我人格是老好人的必修课。英国著名心理学家艾森克指出："人格乃是决定个人适应环境的个人性格、气质、能力和生理特征。"人格完善就需要我们对自我的成长有明确的目标，并规划自己的最佳性格组合。老好人需要不断和旧我抗争，可以从结交良师益友开始，特别是和你性格、气质互补的良师益友，学习如何拒绝，如何保持原则，如何坚持立场，如何做人妥协、做事不妥协。要不断效仿，不断实践，不断改变。勇敢地挑战自我，成为有魅力的职场人士。

▲ 融合思维对策十四：不断提升自我认知能力，提升自我社交价值，完善自我人格，成为有原则、有态度、有主张的职场人士。

高估自身能力或缺乏批评能力已经成为最大的职场杀手（详见小贴士）。面对职场万千面孔，用大教育家孔子的话与职场老好人共勉："以德报德，以直报怨!"

Tips：

什么是职场发展最大的绊脚石？

德国企业咨询协会与《经济周刊》在对来自各咨询公司的500名决策人进行调查后，总结出了五大"职场杀手"规则。"五大职场杀手"依次为，高估自身能力或缺乏批评能力；没能看清本企业的游戏规则；自我发展意识不强烈；对企业内的非正式人际关系知之甚少；个人目标不明确。

完美管理7思维
第6课 人力资源管理思维

本部分重点：从某种意义上说，企业的所有管理者都是人力资源管理者，因为他们都参与招聘、面谈、甄选和培训，即选用育留等活动。因此，管理者需要具备人力资源管理思维。以人为本的人力资源管理思维是企业持续发展的基石。

招聘管理者的七个问题

短短半年时间，通过 Angela 不懈的努力，人力资源部越来越有朝气，团队中的新老成员也逐渐适应了忙碌的工作节奏。但是，频繁加班让 Angela 病倒了，被迫请假在家休息，休息的这段时间 Angela 发现，这半年她不但透支了身体健康，也疏于对孩子的陪伴，孩子的一句“我放学回来总算可以看到妈妈啦”像针一样刺痛了 Angela 的心。这半年的时间，自己全身心地投入到工作中，晚上 9 点以后离开办公室是家常便饭，忙到深夜也并不稀奇；一天三餐非常不规律，经常要到晚上 9 点以后才吃晚餐。

一天起床后，Angela 看到镜子里的自己变胖了，没有化妆的脸色也非常难看，她突然意识到自己在职场拼尽全力实现自我价值的同时，却忽视了另外一些重要的东西。她翻出许久没穿过的泳装，准备在见完闺蜜 Amy 之后去健身房游泳。

Angela 深刻地体会到，身体健康是 1，其他都是 0，没有了身体健康这个 1，再多的 0 也没有意义。这是职场的天条，更是生活的天条。

Amy 看到许久未曾谋面的 Angela 的状态，满是心疼，半年的时间她看上去老了几岁。虽然厚厚的粉底遮住了 Angela 一脸的倦容，但是掩饰不住肥胖的身躯和无精打采的神态。Amy 抱了抱 Angela，赶紧转身走进蛋糕房，一边擦干眼泪，一边端出草莓蛋糕，和 Angela 攀谈起来。

Angela 真是个工作狂，三句话不离本行，蛋糕没吃两口就开始谈工作。“最近真是太忙了，而且有一个特别困扰我的问题，就是中高管招聘。老板对中高管人员的各方面要求都特别高，还催得特别紧，我真是没什么好办法了，Amy，你有什么建议吗？”

Amy 没有立刻回答，而是拿出一篇早晨刚写完的《管理者招聘常见错误》给 Angela 看，并跟她说：“你先看看这篇文章，我去给你榨一杯橙汁，待会儿咱们再好好聊聊。”

管理者招聘常见错误

管理者难选！

Of course（当然）！优秀的中高管是人才市场的稀缺资源。企业中高管的选育用留不仅是每个企业必须要解决的问题，它甚至关系到企业的生死存亡。下面我将向大家展示我十年为企业提供猎头服务的经验和真实案例，并与大家一起探讨。

首先，在招聘管理者的过程中最容易犯的错误之一就是苛求完美。

“年龄 35~45 岁，形象气质俱佳的男性；全日制统招名校毕业，硕士及以上学历；多年名企管理经验，服务不超过三家企业，最好每家企业服务五年以上。”这是很多老板理想中的管理者标准。但是理想很丰满，现实很骨感。盲目以理想标准选择管理者，轻则会导致企业发展放缓，业务无法正常推进，重则会影响企业股价，导致重要市场和客户丢失，甚至关系到企业的生死存亡。

下面我会对招聘管理者过程中易产生的四个歧视点进行分析，让更多人意识到完美情结背后的歧视是多么荒谬！告诉他们很多貌似合理的认知其实适得其反！

1. 年龄歧视

45周岁以上的管理者是年龄歧视的重灾区，这是我和很多猎头同行看到的事实。在公开的招聘信息中，基本看不到类似“45周岁以上免谈”“45周岁以上除非条件特别优秀才考虑”“不接收45周岁以上的简历”的字眼。但是在管理者招聘圈中，猎头们都清楚，45周岁以上的候选人哪怕再优秀也很难被推荐成功，这已经是一个不争的事实。稍微开放一些的企业会将年龄放宽2~3岁，48周岁就是红线了，很难再逾越。这样的偏见对猎头而言可能就是失去一个优质资源，但是对企业、对社会、对候选人来讲，都是严重的损失，甚至会产生很多不和谐的因素。

对于企业来说，招聘也是一种投资。企业在追求投资利益最大化的同时，也在追求损失最小化，而45周岁以下的职业经理人年富力强是高概率事件，是降低投资风险的方法之一。但是，如果全盘否定45周岁以上身心健康的优秀职业经理人（以下简称Y人群），肯定不是一个好的决策。下面将从六个维度对Y人群进行分析。

维度一：Y人群有更多的可自由支配时间。

Y人群在子女身上投入的时间相对较少。一方面，他们中大多数人的子女都已经上中学，有的甚至已经初入职场或者成家立业；另一方面，很多管理者都是男性，他们会选择让太太全身心照顾家庭，男主外、女主内的分工在高管家庭比较普遍。如此一来，他们花在子女教育和陪伴上的时间就大幅减少，可以根据工作情况灵活安排自己的时间。

管理者加班是常态，有更多可自由支配的时间能够让他们全身心地投入到工作中，不用分心，不用背负因为无法陪伴家人而产生的情感包袱。

维度二：Y人群对工作空间的选择更加具有弹性。

Y人群的经济基础大多数都比较好，一些善于投资理财的人士已经到了财务相对自由的阶段；再加上他们的子女多数已经长大成人，夫妻感情到了成熟期，财务上和时间上的自由使得他们对工作空间的选择自由度更大。因此，他们可以更好地适应异地工作或者长期出差的工作节奏。

维度三：Y人群对薪酬的期望值普遍不高。

大多数Y人群工作的心态是成就驱动，也就是通常说的马斯洛需求论的自我实现的驱动。财务相对自由和子女就业带来的家庭支出的降低，让他们能够更加游刃有余地选择自己真心热爱的事业，并为之全身心付出。在企业预算有限或者企业处在特殊阶段无法给出市场薪酬时，他们中的大多数人都愿意放弃一些眼前利益，和企业共命运、共发展、共进步。

维度四：Y人群和企业的外部核心客户、合作伙伴的管理者、内部董事会成员沟通有天然的年龄优势。

自古英雄出少年的故事凤毛麟角，大多数管理者都经历过长期的奋斗，所以资金规模达到几十甚至上百亿元企业的创始人、董事会成员及其外部客户的年龄都不会太小，50岁以上很常见。相似的年龄阶段、相似的生活阅历、相似的教育背景、相似的工作经历，使得管理者能够与客户更好地建立情感通道，大家在共情的基础上商讨问题就会顺畅很多。

倘若一个40岁左右的管理者新秀出现在一个平均年龄50岁左右的

董事会会议上，就会显得有点突兀。在资历和阅历丰富的元老们眼里，年轻的管理者很容易先入为主地被轻视和打压。这里并不是为了强调年富力强的管理者不够成熟、不够老练、不够职业，只是因为团队成员各方面的匹配度是实现团队共赢的重要保障。高管团队成员年龄结构的匹配以及内外部沟通对象的认可对于整个团队能否高效运行至关重要。

维度五：Y 人群在企业服务的稳定性较高。

Y 人群深知年龄越大，跳槽成本越高的道理，所以他们都非常珍惜企业赋予的工作机会，当然这可能是我的主观想法。从客观事实来看，他们服务于一家企业五年或者更长时间以后，跳槽的概率会大大降低，一是年龄越来越大，二是对生活品质有越来越高的要求，他们会将更多的时间和精力投入到个人生活中。

维度六：Y 人群的使用对企业的风控有积极作用。

正如维度五所说，Y 人群跳槽的概率比较小，这样一方面，企业核心资源和稀缺资源信息被泄露的概率就会降低，另一方面，多数 Y 人群有服务企业到退休年龄的高期望值，所以对企业的忠诚度相对较高，与此同时，他们的管理经验的丰富程度也跟年龄成正比。

这种观点在 2018 年 6 月刚刚发表的一篇题为“对日常挑战的明智推理”的论文中也有提及，① 这篇论文的作者是来自加拿大、德国和荷兰的四位研究者，他们想知道智慧是怎么在人群之中分布的。是一些人就是比另一些人更有智慧呢？还是每个人面对不同局面会表现出不同水平的智慧呢？研究者找来 176 个受试者，男女各一半，年龄和受教育程度也都不一样，而且这次特意挑选的是一些基本没有心理学知识的受试者。测试的结论之一是智慧跟这些受试者的性别和受教育程度关系不

① 本信息来自得到 APP 万维刚 · 精英日课。

大，唯一有关系的是年龄——年龄越大，越有智慧。这个结论符合中国的一句俗语："不听老人言，吃亏在眼前。"我的理解是Y人群实操经验丰富，经历过的管理案例更多，特别是危机管理案例和稀缺管理案例，这对企业的风控有积极的作用。目前，一些风控意识很强的民营企业正在悄无声息地使用Y人群，因为他们已经感受到了他们所期望的忠诚度以及由此带来的对于企业运营的积极影响。

钻石1：年龄只是一个数字。

2. 形象歧视

有些企业在选拔管理者的时候会犯选美的毛病。美国期刊《哈佛商业评论》曾经发表了一篇科研文章，阐释为何那些长相不对称的人更能够成为杰出领袖，典型的例子有美国前总统林肯、英国前首相丘吉尔以及英国皇家海军上将霍雷肖·纳尔逊。研究结果表明，一个人的领导素养的高低与长相对称与否存在很强的相关性，而且长相不对称很可能是交际式领导力突出的潜在生物符号。因为并不好看的外表使得这些人需要加倍努力才能赢得别人的认可，这让他们在知识储备、人际交往、组织领导等方面的才能得到更多地开发和锻炼。

在我从事人力资源工作的时候，基本上所有招聘管理者的面试我都尽可能亲身参与，或者让团队全程陪同候选人。当遇到一些客户在候选人走后抱怨候选人胖，或者服装不够时尚，装扮不够职业时，我都会尽我所能和客户沟通，告诉他以下几点：其一，你用的是他的才华，不是他的形象；其二，他特别敬业，特别忙碌，把大多数精力都投入到了工作上才做出了今天的成绩，他现在意识到形象问题会持续改善的；其三，给他一个成长机会，一个可以提升形象指数的时间，这也是实施企业人才战略的机会。我会和候选人进行沟通，告诉他们再忙也要把提升自己的形象指数和健康指数放在重要位置。好的管理者是市场的稀缺资源，竞争非常激烈，不能因小失大。如果你的才华和经验足够，形象气质良好便是加分项，而且好的形象也是你高度自律的外在表现。因此，从现在就开始健身，开始学习一些职业化礼仪，今天这样的小投资在不久的将来便可以成为意想不到的回报，何乐而不为？

钻石2：人不可貌相。

3. 性别歧视

女性在面试中经常会遇到性别歧视问题，虽然企业会采取比较隐蔽的做法，但这确是公开的秘密。

智联招聘公布的《2017中国女性职场现状调查报告》显示，近七成女性感受到了就业歧视。这种现象在管理者招聘中经常发生，很多管理者岗位开放给猎头公司时明确表示不要女性。从一位职业女性的角度来看，职场性别歧视对于企业来说得不偿失。下面我将从四个维度谈谈女性管理者对于企业的积极影响。

维度一：拥有更多女性管理者可以提升公司业绩。

事实胜于雄辩。

事实1：麦肯锡曾发布的一项调查结果显示，由更多女性担任管理者职位的公司往往能够比竞争对手取得更好的业绩。麦肯锡的研究发现，在由女性出任管理者职位比例最高的欧洲公司当中，其业绩表现好过平均水平，这些公司在商业利润、业务成果和股票价格增长方面的表现均超过竞争对手。

事实2：麦肯锡在对世界各国公司进行调研后还发现，那些高层职位有三分之一或以上由女性出任的公司，平均表现要好过那些没有女性进入高层的公司。麦肯锡对美国财富500强公司进行调研后也发现，那些拥有更多女性高层管理者的公司，平均表现比女性高管较少的公司优秀。

事实3：美国科学家曾发现一个有趣的现象，在太空飞行中，60.6%的宇航员会出现头痛、失眠、恶心、情绪低落等症状。经心理学家分析，这是因为宇宙飞船上都是清一色的男性。之后，有关部门采纳了心理学家的建议，在执行太空任务时挑选一位女性加入，结果宇航员先前的不适症状消失了，还大大提高了工作效率。这便是异性效应在起作用，典型的“男女搭配，干活不累”。

大家可能会问一个问题，就是企业的岗位设置中应该如何平衡男女比例呢？这里给大家一个参考：美国心理学家发现，“万绿丛中一点红”和“众星捧月”都不能创造最高的工作效率，女性的比例至少应该达到20%。那么，20%以上的那些岗位应该如何设置呢？2015年，致同会计师事务所《国际商业调查报告》最新结果显示，中国内地企业女性高管占比为25%，高于全球平均水平22%。女性在管理支持类岗位，如人力资源、财务管理上依然具有优势，分别有30%和23%的人力资源总监和首席财务官由女性担任。但仅有7%和5%的首席执行官和合伙人由女性担任，内地企业核心管理者男性的主导地位仍然十分明显。

因此，为了提升企业的业绩，方法之一就是在首席执行官和合伙人层面加大女性任职比例。

维度二：招聘更多管理者女性有利于提高企业的管理水平。

现代管理学研究提出，就领导力这一管理概念来讲，并不存在所谓的性别差异，任何企业所寻找的只是最适合这个工作岗位的人。男性与女性的差别本质上是能力特征的不同，而不是能力高低的差别。管理者性别的差异会使其具有不同的能力结构，而不是能力的高低之差。

中欧国际工商学院管理学教授、中欧领导行为实验中心主任李秀娟认为，“领导力”这个概念本身并不存在男女之分。现代社会中女性管理者已趋向“中性化”。亨利—明茨伯格在《关于管理的十个冥想》中也曾提道：“组织需要培育，需要照顾和关爱，需要持续稳定的关怀。关爱是一种更女性化的管理方式，虽然我看到很多优秀的男性CEO正在逐步采用这种方式，但是女性更具有优势。”

从医学角度对各种专业数据进行剖析后得出以下结论：①女性在听觉、免疫力等方面明显优于男性，说明女性敏感度高，免疫力强。②相对于男性而言，女性左右脑可以同时工作，因为其大脑是多轨结构，这就决定了女性更能专注地做一件事而不被打扰，说明女性专注力强。③由于女性身体脂肪量高，有较强的抗饥饿能力，在一定程度上也就意味着女性有较强的忍耐能力，说明女性韧性强，更有毅力。④多数女性对待他人像对待自己的孩子一样细腻和耐心，说明女性更有耐心。⑤在决策时，女性更能设身处地地照顾对方的感受，并换位思考是否可行，能够重视和采纳他人的意见。相比于男性领导者偏爱运用奖惩或强制性手段来调动组织成员积极性，女性领导者更倾向于运用谈判沟通策略，即结合员工实际情况和能力，运用咨询或沟通的方式授权。说明女性善于换位思考，而且沟通能力强。

女性具有母亲的慈爱与献身精神，这些特质在今天强调平等、团队合作和以人为本的管理潮流中特别值得充分发挥。美国《哈佛商业评论》的报告显示，如果董事局成员有3人或者3人以上是女性，董事局成员会表现得更具有协作精神，更愿意互相交流讨论。

维度三：招聘更多管理者女性可以提升公司的风控水平。

对财务严格谨慎的把控深深地扎根于女性管理者的潜意识中。国外文献证实，男性高管的工作风格多数是独立自主的，他们享受和追求工作中的成就感，同时有较大野心，经常做出有侵略性的、积极进取的决策；而女性潜意识中非常谨慎和保守，偏向做出防御性决策。所以，招聘更多的女性管理者可以提高公司做出正确战略决策和经营决策的概率。也有文献表明，女性高管对风险表现出明显的厌恶特征（Bernasek，A，S. Shwiff，2001），而过度自信的男性高层管理者会忽视或者小觑风险，高估他们应对风险和为公司创造价值的能力，并由此高估公司投资项目未来产生的净现金流量，可能造成过度投资等不恰当行为。（摘自《女性高管会计行为对公司业绩的影响》）

联合国女性发展基金会和女企业家协会一个联合调查数据显示：如果企业的平均亏损率为20%，那么其中以女性为主导管理的企业中，亏损率只有2%。

维度四：招聘更多管理者女性是体验经济时代企业的必然选择。

全行业的互联网化正在来临，全行业的体验经济时代也正在到来。姜奇平老师的《互联网的女性主义特征》一文指出，虽然互联网当中有男有女，但是从总体上看，互联网体现出来的那种思维方式是一种女性主义特征，比如说重体验、重情感、去中心化、分布式计算等，都是女性主义思维。大多数企业的发展、转型、升级都和互联网密不可分，所以，企业要想跟上互联网时代的步伐，在互联网时代寻求发展，必须要找到最懂互联网的人群去拥抱，女性是最合适的人选。

钻石3：平等就业受法律保护，赋予女性平等的应聘权利是企业的良知。

4. 学历歧视

我们经常听到或者看到管理者招聘启事中要求第一学历是“211”

或“985”院校毕业，而且必须是硕士以上学历。这样的要求其实是对非“211”和“985”院校毕业生平等就业权的不尊重。目前，中国共有普通高等学校和成人高等学校2790所，其中“211工程”院校112所，“985工程”院校39所，两者加总占高校总数的5.4%。① 片面追求名校学历会造成人岗不匹配的结果，管理者招聘中存在的唯学历论的片面、孤立、静止的观点会造成企业人力资源发展的不可持续，缺乏创造性、开放性，甚至会导致更多法律层面的问题。学历虽然是人岗匹配的要素之一，但并非关键要素（关键因素会在后面进行详细分析）。从时间维度来讲，学历能够反映一个人的某段经历，但不能反映一个人的全部经历；从发展角度来讲，我们应该看到人是在不断成长、不断蜕变的。

我接触过的大量的管理者候选人都遇到过因学历（包括专科学历、非统招本科学历、非硕士学历、非名校学历、非名校名专业学历）被企业拒之门外的事情，这种片面的学历歧视都或多或少地对当事人在职场的发展产生了影响。但可喜的是，有过以上经历的多数候选人最终都创建了属于自己的平台，或者找到了“不拘一格降人才”的企业平台。他们的成功，让未聘用他们的企业后悔莫及。

钻石4：学历是一段学习经历，不代表全部经历。

总结：以上四种就业歧视在职场中相对突出，但是人才市场上的歧视远不止这四点，比如地域歧视、种族歧视等。2016年9月6日，广州市中级人民法院对全国第一宗因为就业性别歧视引发的案件进行了宣判，判决某公司赔偿当事人精神损害抚慰金并进行书面道歉。这个案件的出现和判决，对招聘过程中存在的显性歧视起到了很好的警示作用，

---

① 萧鸣政，曹伟晓．科学评价人才应消除第一学历歧视［J］．中国人才，2014（13）．

但是隐性歧视却无法被完全遏制。唯有从社会层面、法律层面合力推进后现代工业文明的发展，提升企业认知，才能获得更科学、更理性的就业公平。

Angela认真看完这篇文章，自豪地说："这四种歧视虽然很常见，但是在我们公司都没有！""但是你能保证你们公司的招聘中没有任何歧视吗？"Amy送上亲榨果汁，也送上"温柔一刀"。"当然不能，但心向往之，我尽我所能做到公平。现在最大的问题是如何在最短的时间内招到这几个高管。"这是Angela的心病，也是很多企业人力资源总监的心病。

如何解除他们的心病呢？企业在招聘管理者的过程中经常会遇到以下七个问题。

△ 人力资源管理思维问题一：老板不清楚自己想要什么。

新媒体时代每一家企业都面临转型的压力。那么，如何控制转型的节奏？如何规避转型带来的风险？企业转型具体应该怎样操作呢？这样的问题，很多老板都不清楚。现在很大一部分民营企业都在野蛮生长，它们的成长就像一颗种子因为偶然长成一棵树，但是这棵树如何能避免遭受各种天灾人祸，最终变成参天大树，变成一片森林，却不得而知。如果一家企业已经长成一棵树，而老板的认知能力、战略思维、管理能力还停留在一刻小树苗的阶段，那么，老板的用人标准就不会是成熟的、合理的，这样的标准也不会得到人力资源总监（以下简称HRD）的认可，他们也就无法坚决执行。

想要改变老板的想法很困难，首当其冲的原因就是碍于老板的权威（Amy在这里温馨提醒老板一下：亲爱的老板，让下属毫无负担地畅所欲言是多么重要）；其次，就是人力资源工作者自己不够自信，认为老板总是对的，是自己没有领会老板的意图，没有理解公司的战略。；最后，是很多人力资源工作者都是凭感觉进行判断，他们的结论往往缺乏理论和数据支撑。面对日理万机的老板，三言两语很难说服他们放弃头脑中的既有标准。

举个例子，某传统行业中的民营企业认为业绩增长乏力的原因之一是企业流程管理需要改进，于是就给 HRD 王选布置了一个任务——招聘流程管理负责人。王选全盘接受了老板下达的工作任务。他做的第一件事是全面了解老板的招聘动机，他从侧面知道老板是在 EMBA 课程学习时意识到流程管理的重要性，随即决定招聘一个流程管理负责人。但是企业现阶段是否真正需要改进流程管理？老板想要的流程管理负责人需要具备哪些优势？这个流程管理负责人从哪儿招聘？如何吸引流程管理大咖加入企业？这些问题都亟待解决。通过猎头公司的协助，王选和一些流程管理人员进行了密集的接触和交流，他发现优化流程管理是一个系统工程，远非招聘一个负责人那么简单。

当对老板改善流程管理的决心和改善流程管理的程度不清楚时，盲目招聘会带来很多负面影响。为了解决这个问题，王选利用老板特别爱学习的特点选择了一个折中的方法，他建议老板听一次流程管理专家的课程，并亲自邀请流程管理专家到企业给老板讲课。通过课程学习，老板意识到了自己之前决策的盲目和不科学，王选也通过老板对课程的反馈了解到了更明确、更具体的招聘需求，顺利地完成了招聘任务。

▲ 人力资源管理思维对策一：穷尽一切力量了解老板想要什么，如果老板自己都不清楚要什么的时候，要通过收集各种信息进行分析，协助老板做出正确决策。

△ 人力资源管理思维问题二：部分管理者元老妒贤嫉能。

企业引进管理者往往会打破原有的权利格局和利益格局，所以明智的老板会和 HRD 共同完成招聘过程，不让其他管理者人员深度参与。但是有的企业老板由于工作过于繁忙，或者对管理者招聘工作没有足够重视，抑或充分信任常年追随他的元老们，所以让元老们完全主导招聘工作，造成招聘结果不尽如人意。究其原因，很大程度上是元老们的不安全感。这种不安全感来源于感觉自己的能力跟不上企业发展的节奏，如果老板用人偏好发生变化，大胆起用新人担任管理者职务，必然导致自己的地位岌岌可危。

在 Amy 看来，招聘管理者的过程就像用放大镜将人性的点点滴滴都放大到眼前一样，你看到的事情有时会让你匪夷所思，甚至触目惊心。因为手法非常隐蔽，加上大多数管理者候选人都是由猎头公司、招聘网站等乙方推荐的，所以甲方基本没有话语权，简历发出后石沉大海是家常便饭。客观来讲，有些简历确实不符合企业要求，但是有些明星高管的简历也没有达到企业要求就让人莫名其妙了。

能力太强的管理者候选人简历会给企业部分元老带来无形压力，所以元老们宁可牺牲公司发展的利益将其拒之门外，也不会给他们任何加盟公司并对自己造成威胁的机会。那么，应该如何规避管理者人才招聘过程中这些人为因素呢？Amy 认为，不要挑战人性，明智的做法就是避免在利益和权利上有强相关的元老深度参与。做到这一点其实并不简单，因为老板们通常都非常看重元老们的建议，有些甚至深信不疑。所以，HDR 要想办法让老板在意识层面和行动层面都充分重视管理者招聘的科学性和系统性，要让老板意识到，企业的持续发展需要忠诚度高的元老们的坐镇，更需要年富力强的新鲜血液地补充。

▲ 人力资源管理思维对策二：在招聘核心管理者的过程中，应尽量避免存在利益和权利强相关的元老参与，如果 HRD 预判到在面试中可能会出现元老非正常干预的情况，需要及时地提醒老板。

要相信老板的判断力和前瞻性，他们只是因为忙碌忽视了小细节。

△ 人力资源管理思维问题三：部分企业高看自己。

Amy 发现，高看自己的情况在企业里时有发生。

第一种情况是企业在本行业内小有名气，由于自我认知不够客观，老板或者 HRD 认为自己很牛，哪怕是招聘跨行业的人才依然要求苛刻，给出的条件在市场上毫无竞争力。

第二种情况是企业在市场上既没有知名度、影响力，也没有市场化、规模化，就自以为是地认为只要给高薪就可以招聘到适合企业的人才。

以上两种情况都是简单粗暴的一厢情愿。薪酬是候选人选择企业的核心指标之一，但不是决定性指标。候选人除了考虑是否能拿高薪外，还会考虑能拿多久，拿得是否踏实、安稳，自己的口碑如何。企业管理者是个特殊群体，理性地选择企业是他们秉承的基本原则，这种理性体现在进行选择时有时空观、有价值观、有职业美誉度。有时空观的关键在于他们的眼光更加长远，多数不会过度关注短期利益；有价值观的关键在于他们会选择和自己三观相近的企业服务，错误的选择会让候选人内心无法平衡，外在表现就是会做出前后矛盾的决策，而且他们在选择下家的时候也会遭受价值观无法趋同的质疑；有职业美誉度就是很多候选人为了自己的口碑放弃可能得到的高薪。《哈佛商业评论》里有一篇文章《公司越知名，高管价越低》明确指出，高管愿意为了运营一个知名品牌而降低自己的薪酬。销售的基本原理是在某种程度上，消费者相信使用名牌产品能提升自身形象，因此他们甘愿为名牌破费。如出一辙的是，高管们喜欢与拥有知名品牌的老板们产生关联，他们甚至情愿为这种关联“埋单”，接受实质上较低的薪酬。

第三种情况是企业一意孤行地认为自己都是对的。这一点经常出现在企业制定新业务战略和战术的沟通之中。企业老板或者企业管理者在和候选人交流的过程中出现分歧，即便候选人提出有理有据的观点，企业也会坚持自己的主张，非黑即白。很少有人愿意挑战老板既定的战略战术，就连老板自身也不习惯自我否定，即便自己错了，也要在试错之后再进行论证并修正战略战术。管理者候选人都久经沙场，有自己开拓业务的思维方式和行事方式，如果得不到公司老板和关键人物的全力支持，再加上尝试新业务过程中存在的风险和不确定性，他们宁肯放弃这个机会。

▲ 人力资源管理思维对策三：提升企业的自我认知。

从某种意义上说，企业文化就是老板文化，老板要时时刻刻保持清醒，不断提升自我认知能力，不要被溜须拍马、花言巧语、对对先生的顺从扰乱自己的节奏。

作为老板，要克制“我的更好”思维对决策的影响，学会批判性思考。

△ 人力资源管理思维问题四：部分企业忽视了对管理者的充分激励。

又想马儿跑，又想马儿少吃草，这是一些企业招聘时的常见心态。

Amy 为上百家企业提供过猎头服务，经常发现有些企业过于看重自己提供给候选人的发展机会，而忽视了对候选人的充分激励，具体表现就是在激励上和候选人锱铢必较。客观地说，大多数管理者招聘成功的案例都是向在职的优秀候选人伸出了橄榄枝。企业只有表现出足够的诚意才有可能吸引候选人加盟，招聘到只追求精神满足不考虑物质基础的候选人只是幻想。充满情感激励的招聘只能让候选人兴奋一时，具有弹性的物质激励才是企业表达诚意的最佳方式，宽带薪酬制度目的之一就是为了给管理者弹性激励。

我曾经服务过的一个拥有几十亿元资产的民营企业要紧急招聘一位管理者，提供的月薪是 55000 元，而候选人目前的月薪是 60000 元，他不愿意降薪跳槽。为了这 5000 元的差距，我代表企业不断地和候选人协商，反复强调企业预算有限，但没有在薪酬激励上做任何努力和改变，原本有点动心的候选人由于感觉不到企业的诚意而选择了放弃。Amy 服务过的另外一家资产过千亿元的民营企业，在招聘过程中遇到薪酬激励困境时，副总裁同时和三位创始人就候选人的反馈进行沟通，用最短的时间通过一事一议的方法，最终决定用特殊激励来弥补候选人因跳槽带来的损失，并告知候选人合同上会详细注明。这是对候选人极大的尊重和激励，候选人入职后全心投入，创造的价值超出了企业的期望值。

▲ 人力资源管理思维对策四：企业不要因小失大。

人心所向一直是企业追求的价值观，“得人心者得天下”是企业经营的王道。对管理者进行充分激励看似企业会失去一些现实利益，但从长远来看，这是企业最有价值的未来投资。管理者的全身心投入会给企业带来超出他本人薪酬数倍的回报，甚至还有很多意外惊喜和价值变现。

Tips：

宽带薪酬设计的定义

宽带薪酬始于20世纪90年代，是作为一种和企业组织扁平化、流程再造等新的管理战略与理念相配套的新型薪酬结构而出现的。

所谓宽带薪酬设计，就是在组织内用少数跨度较大的工资范围来代替原有数量较多的工资级别的跨度范围，将原来十几甚至二十几、三十几个薪酬等级压缩成几个级别，取消原来狭窄的工资级别带来的工作间明显的等级差别。同时，将每一个薪酬级别所对应的薪酬浮动范围拉大，从而形成一种新的薪酬管理系统及操作流程。宽带中的“带”指工资级别，宽带则指工资浮动范围比较大。与之对应的则是窄带薪酬管理模式，即工资浮动范围小，级别较多。目前中国很多企业实行的都是窄带薪酬管理模式。

在宽带薪酬体系设计中，员工不是沿着公司中唯一的薪酬等级层次垂直往上走，相反，他们在自己职业生涯的大部分或者所有时间里可能都只处于同一个薪酬宽带之中，他们在企业中的流动是横向的。随着能力的提高，他们将承担新的责任，只要在原有岗位上不断改善自己的绩效，就能获得更高的薪酬，即使被安排到低层次岗位上工作，也一样有机会获得较高的报酬。

△ 人力资源管理思维问题五：部分企业过于看重候选人的成功经历。

拥有完美简历的候选人让大多数企业趋之若鹜，但是，很多管理者招聘都难逃失败的命运。我们暂且不从企业无法提供候选人赖以生存和发展的系统和文化这个角度去分析，单从企业招聘的偏好角度来看，偏好完美的候选人经常会带来更大的缺憾。我们在此讨论的也并不是那些从未成功过的管理者，他们肯定有某些缺点阻碍了他们的发展。Amy 要比较的是两类管理者候选人，一类是一路都在明星平台上不断升迁的，基本没有经历过大失败、大挫折的人群，暂且称他们为“春风群体”；另一类是在不同层次的平台服务过，职业经历有胜有败的，他们在失败面前不放弃，依然有风度、有气度、有态度地奋斗，我们称他们为“向日葵人群”。

这两类人群都挺优秀，但是很多企业都会偏向“春风群体”，在 Amy 看来这是有问题的。如果同样都是服务于明星平台的候选人，最终选择“春风群体”无可厚非，但是我们更应该看到，非明星平台多数都处在老业务升级和新业务试错时期，管理者在这个时期接手会遇到很多非常规问题，做出很多非常规决策，这些都对管理者的抗压能力、风险控制能力等有非常高的要求。从这个层面上来讲，“向日葵人群”会更有优势。他们经历过失败的历练，更懂得如何预防风险、抵御风险，对风险管理更富有经验。当然，我们一定要深入了解候选人失败经历的前因后果，确保候选人是从“失败学校”成长了，是一位合格的“毕业生”。

▲ 人力资源管理思维对策五：珍惜“落难的凤凰”，即在失败中历练成长的候选人。

虽然失败不是财富，但是失败后的成长和奋起是一笔难得的财富。市场变幻无穷，企业都是在不确定和挫折中前进的，管理者一定要身经百战，有超强的抗压能力。从这个角度看，宠辱不惊的“向日葵群体”更能胜任管理者职位。

△ 人力资源管理思维问题六：部分企业招聘管理者缺乏开放的思维。

人才稀缺是管理者招聘中的一个棘手问题，冷门行业内与企业需求相匹配的人才屈指可数的情况是真实存在的。由于竞业协议的限制、人才培养周期过长、人才地域过于集中以及其他主客观原因，企业很难找到理想的管理人才。那么，怎样才能解决这个问题呢？看过《跨界歌王》的观众会发现，很多演员的唱功让人刮目相看，比如《跨界歌王》的评委王珮瑜，众所周知她是著名京剧余派女老生，当她唱起流行歌曲时也技惊四座，这就是艺术的魅力，因为艺术都是相通的。管理也是一门艺术，因此管理也是相通的。

在《美第奇效应》一书中，创新专家弗朗斯·约翰松把思维分为单向思维和交叉思维，并告诉人们当不同领域发生交叉时，优势和观念之间产生相互碰撞、融会，往往能获得 1+1>2 的效果。职场亦是如此。随着人才市场的日益细分，跨界人才将不断涌现，这就要求企业要与时俱进，用开放的心态去面对人才市场，比如可以跨界招聘人才。

具体来讲，可以两步同时走：一步是内部招聘。从企业内部其他部门寻觅合适的人才，甚至可以从低级别的职位中选择有潜力的培养对象。内部招聘的优势在于候选人熟悉企业文化和战略，沟通磨合成本低。另一步是外部跨界招聘。Amy 曾经为客户寻找中国区童车总经理，由于人才稀缺，招聘一度陷入困境，但明智的客户拓宽思维，将招聘条件放宽至快消或者耐消行业人才，最后在一个月内顺利地招聘到一位合适的管理者。再举个例子，Amy 曾经为一家三线公司寻找 COO（首席运营官），客户深知同行业人才非常稀缺，且很多都签订了明确的竞业协议，因此不但只要求所属行业为快消行业即可，在职位级别和企业性质上也放宽了标准，主要看候选人人品、经验、能力和潜质，最后也如愿以偿地招聘到了适合的管理者。一直到现在，这位管理者的表现都是可圈可点的，客户们也对这家企业的选人标准拍手称赞。

Angela 本人的成功转型也是很好的例子，精通业务的管理者跨界到职能岗位，会以全新的视角进行管理，会从业务发展的角度思考人力资源管理的意义，特别是对企业转型过程中的组织变革也具有积极意义。

▲ 人力资源管理思维对策六：不拘一格降人才。

新媒体时代，传统企业转型已箭在弦上，转型后的企业又面临很多风险和不确定性，它们需要更多复合型、创新型、开拓型人才。跨界招聘给企业带来了一个审视自己的全新视角，它能让企业比竞争对手占得更多发展先机。

△ 人力资源管理思维问题七：部分企业对于“空降兵”类型的管理者管理不到位。

有数据统计，平稳“着陆”新企业后，生存时间超过 1 年的管理者人数不到总数的 20%。那么，如何提高“空降兵”的成活率呢？我们从两个维度来讨论。因为双方没有很深厚的感情基础，所以企业方和“空降兵”管理者的联姻机会和挑战并存，要想获得双赢的结果，需要双方共同努力，通过理性且有深度的思考和行动，维护合作关系。Amy 希望从爱情的角度和大家分享企业方和“空降兵”美好联姻的心得。

浙江卫视的《一路上有你》第一期的主题是爱与初心。企业方对“空降兵”人才是求贤若渴的，在最初引进时一定抱着美好的愿望，希望通过迅速联姻实现共赢。在企业发展处于顺境时，双方基本上不存在分歧，但是切记逆境时莫忘初心。初心就是第一次认可“空降兵”价值观和第一次给予“空降兵”信任的真情实感。用人不疑、疑人不用，处处对“空降兵”设防的举动足以扼杀充满激情的初心和十足的干劲。同时，“空降兵”也要做到不忘初心，被误会、被误解的时候多一分坦荡和包容，少一分猜忌和抱怨。

第二期的主题是爱与自由。“空降兵”管理者需要充分的自由，企业方一定要智慧地平衡集权和授权的关系。在职场上经常看到一种现象，就是老板给老人（管理者元老）过度的自由，给新人（“空降兵”管理者）过度的限制。被束缚住手脚的管理者是无法有一番大作为的，正确的做法是明确责、权、利后给予他们充分且持续的信任。作为“空降兵”要做到不急不躁，授权过少的时候先做好自己分内的工作，静静等待时机；授权充分的时候，需要珍惜宝贵的“自由”，尽我所能贡献和创造最大价值。

第三期的主题是爱与默契。企业方有义务采取各种具体行动创造安全、稳定且有利于“空降兵”发展的环境，及时分享企业文化的点点滴滴，辅导和帮助候选人快速融入企业文化。广义的企业文化是企业物质文化、制度文化、行为文化和精神文化的组合；狭义的企业文化是以企业价值观为核心的企业意识形态。企业方需要持续建设和完善企业文化，同时要让新人和老人同时参与企业文化建设，尽可能模糊新人和老人的边界，让他们享有同等的归属感。“空降兵”要不放过任何机会和细节去融入企业文化。首先，要有极大的包容度。在空降企业的初期，“空降兵”是个新人，更是外人，受到围观、孤立，甚至敌对是正常现象，冷静客观地面对是上策。其次，要做好时间管理。不要把大部分精力放在无意义地迎合和解释上，要重点关注核心目标。具体来讲，就要把控实现目标的各个关键节点，整合各方有利资源，团结一切可以团结的力量，积极创造业绩来服众。爱与默契是通过双方携手达成目标形成的，所以双方统一思想，用心经营是王道。

▲ 人力资源管理思维对策七：充分重视对“空降兵”管理者的管理，将管理落实到科学理性的行动中。

在 Amy 看来，管理的关键是公平对待“空降兵”，甚至要模糊“空降兵”的说法。每位员工无论入职先后，无论背景如何，加盟企业都要为了实现企业方的目标而奋斗。企业方要客观面对差异、面对变化，任何时候都要以平常心、同理心、包容心来对待所有员工，全力打造一个开放的、多元化的、国际化的平台。

完美管理7思维

第7课　逆向管理思维

本部分重点：想要成为一名优秀的管理者，必须具有逆向思维。具体来说，就是要打破“先思考、后行动”的思维惯例，学会“先行动、后思考”。“马上去做”是团队高效工作、快速壮大的重要行动力来源。

新任“空降兵”管理者就职不顺利的七个问题（当事人视角）

▼

▽

逆向管理思维问题一：权责利不对等

2016 年以来，尽管资产荒仍然存在，物流平台仍然获得资本的热捧，但是却抵挡不住一级市场“资本寒潮”的迎面而来，曾经火热的 TMT（Technology，Media，Telecom，即技术、媒体、通信）创投市场开始冷静，去泡沫化的阵痛悄然显现。

W 集团是一家传统的物流集团，面对互联网凶猛的冲击和对物流科技趋势的研判，董事长张董深刻地认识到变有可能活，不变肯定活不长久的现实。通过猎头公司的专业搜寻，他幸运地找到了一位兼具事业心和业务能力的人才——夏海。张董和夏海一见如故，短短两天就进行了两次长达数小时的愉快沟通，张董当场拍板，希望夏海能尽快加盟 W 集团。处在职业生涯上升期的夏海也被张董的诚意打动，对一起做一番事业动了心。

但是，在和人力资源总经理沟通的过程中，却出现了很多小插曲。

首先，给夏海的职位是董事长助理兼新成立的事业部总经理，对应的是事业部总经理的薪酬和股权激励方式，这样，薪酬就比夏海的预期低得多。虽然夏海明知这是人力资源总经理的谈判策略，但是他听了以后还是一肚子火，明确表示如果是这样的薪酬和职位他就不考虑了。对职位敏感度特别高的夏海表示，董事长助理这个职位貌似很高，实际权力可高可低，可大可小，不利于他开展新业务。

夏海深知，任何工作都必须在权责利对等的情况下，才能最大限度地发挥职业经理人的价值。过往的经验让夏海清楚地认识到，个人赋予职位的权威性远不如组织赋予职位的权威性，所以，他明确且坚定地跟人力资源总经理提出，自己的职位应定位为事业部总经理，进而对应总经理的薪酬和股权激励。夏海这样做是想看看企业是否有足够的诚意和决心，同时，对夏海而言，这是一个风险系数很高的职位，风险一：他需要离开一个成熟的大平台，去一个从 0 到 1 的创业平台；风险二：他需要离开实力雄厚的甲方，到需要立即进行组织大变革的乙方；风险三：他孤身一人到异地当高管，和董事长没有任何交情和信任背书，只是基于对做一番事业的共鸣而联姻。张董综合考虑后，答应了夏海的诉求。

▲ 逆向管理思维对策一：坚定地要求权责利高度匹配。

如果入职之前感觉到权责利不对等，一定不能优柔寡断，抱着将就、观望的态度入职，这样的心态很有可能给自己一次当“职场烈士”的机会。入职之后的三个月，不仅要解决“外患”，更重要的是要解决“内忧”，而没有权责利高度匹配的思维，一切都是空谈。

△ 逆向管理思维问题二：工作内容被二次安排。

张董的知遇之恩给了夏海很大的鼓励和信心，他义无反顾地辞掉了大平台的职位，加入了 W 集团。通过短短几天的观察，夏海发现了 W 集团发展过程中的很多问题。问题一：W 集团企业文化比较僵化，业务发展停滞不前，重度依赖集团现有资源；问题二：元老非常强势，三年之内空降的高管多数都在一年之内阵亡；问题三：员工做事节奏缓慢，习惯朝九晚五，加班极少。虽然 W 集团发展基础如此薄弱，但是并没有让夏海焦虑，真正让他不安的是他从人力资源总经理的话中得到的一些隐含信息，集团让夏海接管的很可能是一块鸡肋业务。面对这样的鸡肋业务，谁接管都得死，只是死法各有不同。死法一：短期内出不了业绩，被一帮元老口水淹死；死法二：拼尽全力做出了一点成绩，却仍然达不到集团的要求，被 KPI（Key Performance Indicators，关键绩效指标）逼死；死法三：做出了不大不小的业绩，但是突然被集团边缘化而冤死。

为什么人力资源总经理会这样理解这件事情呢？幕后故事到底是怎么样的呢？夏海通过细致的观察和抽丝剥茧地分析，大致看清了整件事。W 集团的部分元老担心“空降兵”的到来让自己被边缘化，就想方设法让夏海迅速阵亡。让其阵亡的下策是直接对抗，中策是比拼业绩，上策就是找一个黑洞，让夏海掉进去，永无翻身之日。他们可以不断高举自己的元老身份，站在更好更快发挥“空降兵”价值的立场，给董事长出谋划策，让“空降兵”接盘鸡肋业务。

鸡肋业务谁都不会轻易接盘，夏海当然也不会。经过深思熟虑才加盟 W 集团的夏海，是来做勇士的，不是来做烈士的。所以，一口回绝鸡肋业务的管理不是上策，真正的上策是通过对公司要重点开展的新业务的方案进行设定，以此告诉董事长新业务的发展逻辑、所需的核心资源以及开展新业务以后带来的人财物方面的价值提升。当董事长认识到了核心人财物的价值所在时，自然而然也就不会让夏海去负责鸡肋业务了，哪怕有些元老反复强调鸡肋业务和夏海的过往管理经验高度匹配，董事长也有充足的理由开诚布公地支持夏海。

▲ 逆向管理思维对策二：积极主动。

与其坐以待毙，不如主动出击。入职三到六个月的“蜜月期”是唯一可以争取集团和董事长全力支持的机会，所以，要开诚布公地和董事长沟通自己的价值所在，尤其要强调自己的价值不是拯救一个黑洞，而是通过商业模式的优化、再造，把整个公司打造成一个更有价值的公司，成为被资本市场高度认可的“黑马”。

△ 逆向管理思维问题三：无人可用。

独木难行。周密的商业模式方案需要大量的市场调研，夏海深知一个人在短期内无法独立完成，他负责的又是新业务，集团内部鲜有可用之人。所以，当务之急是找几个业务和人品都过得硬的可靠之人，协助自己完成各种方案。俗话说“用生不如用熟”，为了尽快上手，减少不必要的磨合和沟通成本，夏海和过往几位得力的下属沟通了一遍，确定了可以马上来协助他完成各种方案的人选（夏海从不突破道德底线，违反商业规则，坚持不从老东家挖一位员工，所以他确定的人选都是已经从老东家离职的下属）。

▲ 逆向管理思维对策三：招兵买马。

要迅速搭建一个成员价值观相似、具有战斗力和高度信任感的、能够进行自主管理的稳定的“特种兵”小型团队。团队成员理想配置：

第一，左膀右臂是必选项，可以是跟你能力形成优势互补且人品好的原下属，也可以是跟你配合非常默契，能心领神会地把工作完成得很漂亮的下属，或者是对你无条件信任，指哪打哪，执行力超强的下属。第二，是双刃剑，即新同事，包括空降人员或者公司现有人员。所谓双刃剑，就是新同事可以成为你奋战的见证者和重要帮手，他们的发声更掷地有声，更公平公开，更有说服力，这是加分项；但是，如果他们当中有的是“伪志同道合”的同事，冠冕堂皇地说会全力配合你，实际上却是最大的绊脚石，同时因为他深入了你的团队，对你非常了解，所以破坏力也很强。在此，奉劝那些刚入职新公司的勇士们，如果看不透他是真是伪，宁愿选择放弃加分项，保守地打造一个你完全信任的团队最重要。同时，领导者要有一个针对下属的长期培养规划，用心培养几位能力与人品俱佳（加分项），对你的能力和人格魅力非常崇拜的得力下属，让他们长期跟随你工作，你获得成长的同时，他们也获得成长。

领导力五力模型中的五种领导能力包括感召力、影响力、前瞻力、控制力和决断力。这五力对领导者而言都非常重要，但这些领导能力并不处于同一层面。从某种程度上说，感召力是最本色的领导能力，一个人如果没有坚定的信念、崇高的使命感、令人肃然起敬的道德修养、充沛的激情、宽厚的知识面、超人的能力和独特的个人形象，那他可能仅仅是一名普通的管理者，不能修炼为一个领导者。由此可见，感召力是处于顶层的领导能力。

Tips:

领导力五力模型中的感召力主要来自于以下五个方面：

1. 具有坚定的信念和崇高的理想；

2. 具有高尚的人格和高度的自信；

3. 具有代表群体、组织、民族、国家或全人类的伦理价值观和日臻完善的修养；

4. 具有超越常人的大智慧和丰富的人生阅历；

5. 不满足于现状，乐于挑战，对所从事的事业充满激情。

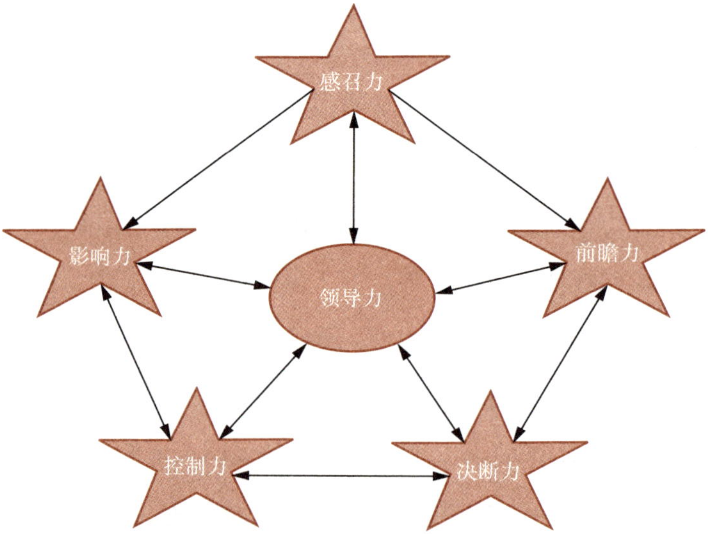

△ 逆向管理思维问题四：公司战略模糊。

夏海原本以为招聘几位新员工是件很简单的事情，可偏偏遇到了一位非常不专业的人力资源总监江小萍。由于夏海要开展的是全新的业务，江小萍也没有类似的业务经历，所以夏海苦心孤诣地拿出几个小时去跟江小萍讲业务。但是，江小萍却不懂装懂，而且面对夏海的讲解毫无耐心，以至于当夏海给她详细分析业务逻辑时，她居然不耐烦地玩起手机。这种情况如果发生在夏海之前的公司，江小萍一定要被狠狠批评一顿。但是，夏海压制住内心的怒火，心平气和地和江总聊完，礼貌地离开了。

人力资源总监这样的态度让夏海非常吃惊，吃惊之余夏海也对这种反常现象背后的原因做了假设。假设一：人力资源总监鲜明地站队，站在固守老业务、老思路的一方，自己已然成为站在前台的棋子，面对夏海时，上来就给他一副冷面孔，逼着夏海知难而退；假设二：人力资源总监职业素养太差，夏海几次见到江小萍在其他元老高管面前卑躬屈膝、礼貌客套……

种种假设接二连三地浮现在夏海脑子里，但有一点他很清醒地认识到，跟人力资源总监对抗没有任何意义，如果跟她产生冲突，更是正中下怀。夏海向来对办公室政治嗤之以鼻，他深知自己来 W 集团的目的是为了打造职业生涯中第一个被市场认可的作品。目前遇到的一切困难和阻力都源于集团内部没有达成发展新业务的共识，所以夏海必须尽快和董事长深谈一次，要让董事长知道，仅仅一个人认同战略目标是远远不够的，必须让集团从高管到基层员工每一个人都认同战略目标才有意义，与此同时，每一个人都要知道自己在实现目标过程中需要发挥的作用和承担的具体责任。

▲ 逆向管理思维对策四：战略清晰。

《孙子兵法·谋攻》中有一句话："上下同欲者胜。"意思是国君、统帅与广大民众、士卒上下一心，同仇敌忾，就一定能战胜敌人。所以，仅仅集团几个高管对战略清晰是远远不够的，要从三个层面下功夫：第一个层面是制定清晰的战略（战略制定是指确定企业任务，认定企业的外部机会与威胁，认定企业内部优势与弱点，建立长期目标，制定可供选择的战略，以及选择特定的实施战略。这是战略计划的形成过程）。切记：要严格执行计划，不能因董事长或总经理的个人意愿随意修改计划。第二个层面是让管理者和基层员工都充分理解战略的内涵和外延，特别是中高管，要明确他们在战略落地中的定位和角色。第三个层面是必须做到资源和能力与公司战略高度相匹配。

△ 逆向管理思维问题五：人力资源管理薄弱。

夏海在跟张董沟通之前，先跟集团人力资源副总裁赵彬深入交流了一次，这次是赵彬主动找夏海沟通的。入职一周后的一个早晨，夏海来到赵总办公室。一见面赵总就表示出歉意，说早就想和夏海好好交流一次，但由于其他上市公司业务板块事情特别多，一直没腾出时间，非常抱歉。因为夏海是赵彬招聘进来的，加上赵彬多次表达过对夏海能力和拼劲的欣赏，所以夏海对赵彬的信任度很高，自然不会多想，连忙说："没事没事，非常理解。"

在交流中，赵彬表达了对夏海的关心，包括住房是否落实了，饮食、气候是否习惯等。同时，赵彬还关切地询问夏海目前最需要哪些支持，夏海表示要尽快引进几位下属来配合工作，他也把和江小萍沟通的感受跟赵彬做了分享，并委婉地表示江小萍不懂新业务，而且职业素养也不尽如人意。赵彬表示江小萍入职不到一年，还在不断学习中，但他会和江小萍就此问题进行沟通，至于招聘下属的事肯定没问题，让夏海直接找江小萍就行，除此之外，他们的谈话内容再没有提及江小萍。

这次交流后，夏海意识到赵彬能够给他的支持很有限，一来赵彬负责整个集团所有板块的人力资源工作，工作量巨大，分身无术；二来目前各个板块的人力资源工作都比较独立，除非是人力资源管理出现重大问题，赵彬才可能出面直接协调；三来自己团队中的下属大多数都是刚刚招聘进来的，如果马上换掉，肯定会招来很多人对人力资源部门专业性的质疑，所以赵彬是绝对不会碰这根红线的，那么，在这种情况下，夏海就必须依靠自己的力量面对复杂的人力资源环境。

下午，忙完业务的事情，夏海去了人力资源部，和江小萍说了他要招聘的几个岗位，正要转身离开时，看到了集团的 HRBP 谢春阳。入职前后，夏海跟谢春阳打过几次交道，他认为春阳是一个值得深入了解的人。回到办公室后，夏海约了一位行业内资深的做人力资源的朋友晚上一起吃饭，并把这个消息告诉了春阳，同时请她到自己办公室来一趟。

虽说春阳是一个心直口快、仗义执言的女孩，但是这丝毫没有掩饰掉她的一脸愁云，夏海意识到她的处境并不好，或许比夏海想象得还要糟糕。在问了春阳十多个问题后，夏海意识到集团的人力资源管理基础远比他想象的要薄弱，不仅仅是政治斗争的问题，整个人力资源管理的体系化、专业化和系统化都无法和互联网公司相提并论，更要命的是，人力资源部对集团让夏海开展的新业务根本不懂，观望的态度里充满了质疑。夏海意识到了春阳在人力资源部被孤立的处境，跟她说了很多鼓励的话，并告诉她："不要太在意别人对你的看法，因为那些人不重要，你人生 90% 的时间不会和他们产生交集，不要活在他人的眼光里，要为了职业发展和生活幸福而活，要使自己的内心不断强大起来，让自己开心起来。"春阳离开办公室的时候脸上多了些笑容，笑容里有感激，也有对职场的重新认知。

当天晚上 8 点，夏海和一位非常熟悉新业务的朋友梁晨一起吃饭，对谈中梁晨会将各种战略落地的路径从人力资源的角度进行解析，让夏海茅塞顿开，两人还就新业务如何快速发展达成了很多共识，比如对互联网+物流赛道大发展的共同期待，对行业内知名人士的点评，对发展过程中可能遇到的问题的预判。两人聊到晚上 11 点多仍然意犹未尽，交谈到最后，夏海得知梁晨最近也有跳槽的想法，正在寻找合适的机会，心里不禁暗喜，连忙叫了一辆专车送梁晨回家。

夏海暗暗下了决心，一定要让梁晨尽快成为自己新业务板块的HRBP，精通业务的人力资源管理者凤毛麟角，所以梁晨一定不能错过。带着畅快沟通后的愉悦心情，夏海不知不觉地进入了梦乡。

接下来的几天里，江小萍不紧不慢地安排着招聘工作，但根本无法跟上夏海的工作节奏。在夏海的催促下，江小萍将夏海推荐的几个备选人员简历发给了谢春阳，让谢春阳负责跟进，同时让谢春阳负责新业务板块 HRBP 的招聘工作。在和候选人细致的沟通中谢春阳了解到，江小萍提供的薪酬标准远远低于候选人的期望值，同时经过认真的市场调研，谢春阳发现江小萍提供的薪酬也不合理。

面对这样的情况，如果是之前那个谢春阳，很可能会不知所措，情绪低落，但是自从那天夏海跟她谈过以后，谢春阳的工作情绪积极了很多，工作效率也提高了。所以，当这样的问题发生时，她积极地在江小萍和候选人之间进行反复的沟通和协调，终于搞定了一个 offer。这是夏海的前下属梅景天，因为梅景天认为必须要尽快入职协助夏海工作，所以并没有在薪酬上过多计较。他觉得少一点就少一点，把事情做出来最重要。这些夏海都看在眼里，记在心里，对这位自己多年培养的下属多了一份敬佩。

▲ 逆向管理思维对策五：持续关注人力资源。

因为“空降兵”高管面对的是一个已经成型的人力资源团队，这个团队在多数情况下都会以各种方式抱团，所以，对于“空降兵”高管来说，在不利的人力资源环境下，需要创造出一个有利局面。

这里我们从策略上探讨一下，应对这种局面的下策是通过不断地正面交锋以维护自己的权益，但是和心机很深的人力资源部同事正面交锋得不偿失，不是万不得已，不要采取这种方式。可取的做法是，尽可能争取更多、更广泛的人力资源部同事的支持，对于那些一时达不成统一意见的事情，不要急于跟他们争吵、辩论，因为他们当中有的人是固有利益格局的捍卫者，有的人是明哲保身的胆小怕事者，有的人是左右摇摆的观望者，要跟他们取得共识，需要一个长时间的过程。这时，你可以先跟几个印象不错的人力资源部同事建立沟通关系，并慢慢地深入交流，以获取他们的支持。

如果发现人力资源部门人员既没有专业背景，又不懂集团业务，那就要果断换掉，或者架空他们。人力资源管理是总经理一级管理的核心元素之一，倘若人力资源部门不作为，浑水摸鱼，就会成为集团业务发展最大的绊脚石。众所周知，所有业务的开展都要基于人，没有人，何谈人力资源？没有专业的人力资源管理者，何谈人才的选育用留？

所以，如果事业部总经理无法撼动集团的人力资源高管，就要尽己所能建立小范围的专业化人力资源管理团队。选择人品正直，熟悉业务，又善于学习新事物的专业的人力资源管理者做自己事业部的 HRBP 或者 HRD，保证自己事业部的人力资源管理团队是基于信任建立起来的，并且有专业水准，信息公开、透明，信息传递畅通。提醒一点：尽量选用行业内的人力资源管理者，因为他们可以带来行业内的最新动态和信息，以及最有价值的行业人才地图和人才的一手资料。

△ 逆向管理思维问题六：因疏忽给自己树敌，使自己和元老们之间形成鸿沟。

工作刚刚有点头绪的夏海参加了一个董事长组织的饭局，看得出来，这是董事长精心为夏海安排的。集团高管基本都在，夏海热情周到地给每位高管敬酒，并向大家介绍了自己的情况，席间，大家也天南地北地攀谈起来，直到晚上 10 点多宴席才欢喜而散。因为夏海喝了酒，集团 HRVP（Human Resource Vice President，人力资源副总裁）赵总主动要送夏海回家。在赵总的车上，两人聊了起来。赵总分析了夏海在酒桌上说的话以及最近人力资源部反馈的一些细节，夏海听后，意识到自己有的话确实不妥，特别是那句“我 30 多点就拿到了老东家几百万的股票”，着实让其他高管反感。赵总语重心长地建议：现在你面对的是一群元老，在元老面前显摆是会招来厌恶的，如果想做成事，一定要尽可能地争取所有人的支持，尤其是元老高管们，要让他们愿意帮你，要和他们打成一片。

对赵总表达了真诚的感谢之后，夏海下了车，回到住处。他用冷水洗了洗脸，喝了几大口矿泉水，躺在床上，认真地反思这半个月在集团的表现。他发现自己犯了老毛病，就是急于表现自己，或者说有点太把自己当回事了，这同时反映在语言上和行动上。其实，自己的本意是希望尽快得到认可，但是急于求成，适得其反。

在处理和元老高管们的关系时，自己的思路也有点简单事情复杂化。有时会因为看到、听到的一些小事就把他们当成假想敌，特别是最近对人力资源部江总的态度有点过于偏激，这其实是源于自己为她的下属谢春阳鸣不平，谢春阳工作非常细致认真，帮江总解决了很多实际问题，招聘工作也很给力，却得不到应有的回报。其实，自己对于江总本人并没有太多的偏见，仔细想想，这段时间以来，人力资源部给自己的工作提供了很大的支持，自己应该对人力资源部表示感谢才对。所以，不要主观地把谁和谁排在一个阵营里，要团结一切可以团结的力量，争取更多的支持者。

第二天一上班，夏海就给人力资源部江总发了一封电子邮件，对他们给予的帮助和支持表示感谢。接下来的一周，夏海安排了和各位元老高管的会面，而且每次会面都要保证两个小时交谈时间，因为只有深入的交流才会有更好的沟通效果，这同时也表达了他愿意和每一位元老高管敞开心扉的诚意。这样的交流让夏海受益良多，他深刻地意识到，换一个新视角——以朋友或者师长的心态看待他人，他人也会给你看更多正向的反馈。

月色下，夏海在日记本上写下他发自内心的感慨——一路走来，我获得的成功，除了有自己的努力，更有朋友和师长们的帮扶。我从来没有把谁当成敌人，因为没有谁注定会是谁的敌人，只不过某些人可能会是你成功路上的阻力罢了。如果我们只盯着施加阻力的人，那他就永远会是“敌人”，正确的做法是，用这些阻力磨砺自己做事的本领，同时，专注于自己所做的这件事情本身，那样我们就会想办法减少阻力，增加助力，甚至将阻力变成助力，则事可成。

▲ 逆向管理思维对策六：“天下无敌”。

所谓“天下无敌”，不是指让自己强大到能够打败所有敌人，而是把所有敌人看成朋友或老师，让强大的对手激励自己的进步和成长，成就更加强大的自己，只有拥有广阔的胸怀和气魄，才能成就更加远大的事业和前程。司马懿说：“臣一路走来，没有敌人，看见的都是朋友和师长。”

△ 逆向管理思维问题七：感觉拿到一手“烂牌”，有想放弃的念头。

夏海夜以继日地勤奋工作和持续地、有温度、有热情、有态度地沟通终于收到了一些效果，有的元老明确表示了对他个人能力的欣赏，以及对他开展新业务的期待，这些都在实际工作中有所体现，特别是高管会议上，大家给予他的支持和配合。当然，也有一些元老和新“空降兵”高管对夏海的这些举动不感冒，仍然只是礼貌地跟他客套寒暄，没有任何实质性的支持，但夏海都以平常心看待。

周一下午高管会议上宣布的新任命，让夏海着实有点意外。集团对高管做了战略调整，分管集团战略和运营的副总裁崔明升任总裁，原来的创始人兼总裁张远卸任后将重心放到了其他版块的管理上，除了重大事项决策他会主导以外，日常管理工作基本上都由王伟全权负责。这样一来，夏海和其他副总裁、总经理都要向崔明汇报工作。

这样的变动让夏海惴惴不安，因为早在入职第一天，他就明显感到崔明对自己的排斥。果不其然，自己的预感很快便被证实了。在周二的独单交流中，崔明告诉夏海，集团所有费用支出都要由他签批，而他觉得夏海负责的新业务的商业模式还没有完全建立起来，此时不适合设置新的岗位进行招聘，所以招聘工作需要暂停，可以先利用现有的三个人来辅助完成工作，等新业务的商业模式认证成功了，再按照组织架构的设置招聘新人。

夏海沉默了几秒钟，又耐心细致地给崔总分析了新业务商业模式背后的逻辑，明确地告诉他互联网业务是迭代业务，完全认证成功的逻辑是不成立的，所以自己是有理有据地拒绝这样的安排。在崔总疑惑的目光下，夏海离开了崔总的办公室。

此刻的夏海面对的是一个不易破的局。晚上 7 点多离开办公室，夏海约了一位在北京发展得挺好的忘年交。这位忘年交就是 Y 企业的高管刘大鹏，夏海这一路走来，刘大鹏经常会给他提出一些中肯的建议，让他受益匪浅。同时，夏海的热情、做事的冲劲和韧性也让人到中年的刘大鹏格外欣赏。

在那晚的聊天中，当夏海提到他正处在一个不断变化着的外部环境中时，抱怨道："我要是晚一点来就好了！"很少听到夏海说泄气话的刘大鹏不紧不慢地开导他说："不管早来还是晚来，都会有不利的一面，重要的是如何从容应对当下的局面。别泄气，要挺住！"夏海赶忙解释说："老刘，我不是放弃，只是觉得当时入职有点操之过急，如果再耐着性子和他们谈谈，把权责利明确下来，或许对我现在开展工作更有力一些。"刘大鹏拍了拍夏海的肩膀，放低了声音亲切地说："过去的事就过去了，没必要后悔，这是教训，也是经验。"

接着，刘大鹏又引导夏海具体谈了谈公司的情况，帮他分析了目前的局面和周边的关键人物，听得出来，刘大鹏对那位新上任的总裁崔明也颇有些反感，但是为了帮助夏海破局，刘大鹏还是让夏海对崔明的背景和经历进行了详细介绍。

崔明是海归，在政府部门和大投行都服务过多年，政府关系、投融资都是他的强项，同时他还有很多金融资源。刘大鹏客观地说："其实现阶段他做总裁是比较合适的。"对于老板来说，他是要找一个最适合总裁岗位的人接盘，而不是找一个能力最强的人接盘。"最合适"的人选需要具备三个重要特质：第一是老板对他比较信任，而且是经过长期考察得来的信任；第二是他的能力符合集团对总裁现阶段的要求；第三是一定要对平台有重度依赖，短期内主动离开平台的可能性非常小。其实，重度依赖背后的逻辑是这个人在其他平台很难得到同样的职位。如果把上述三个重要特质简化成一个公式，即现阶段关键能力的匹配度+信任的溢价+小概率的离职可能性=适合的总裁候选人。那么，这样分析下来崔明是基本符合的。

夏海虽然知道老板用崔明是有道理的，但内心深处却仍然认为自己的能力比崔明强，有些不甘心。刘大鹏继续为夏海分析："对老板来讲，特别是那些对新业务发展还没有掌控能力的老板，启用业务能力强的管理者其实是一把双刃剑。用得好可以共荣共发展，用不好可能会遭到权力的架空，或者遭遇整个团队的叛变。所以，保守型老板，特别是已经小有所成的老板多数会选择相对安全的做法，因为他们深知守业比创业更难，宁可放弃二次创业的机会，也要守住家业的心态是老板常有的，每一个老板的心里都住着两个字：安全。从这个角度一讲，是不是就能理解老板的选择了？"

既然崔明适合总裁职位，他也能感觉到老板的信任，那为什么还要对夏海的工作强加干涉呢？这其实是职场上的不安全感让他的控制欲变得更强，越没有安全感，越想控制一切的心态是很多不精通业务的管理者的通病，他们深知坐上总裁的位置并不代表坐稳总裁的位置。职场上的不安全感来源于对自我的认知，对自己能力短板的焦虑和担心，当然，对业务的不精通也是管理工作中的硬伤，弥补硬伤的最好办法就是快速学习。其他几个事业部的总经理做人做事都比较成熟老练，各自负责的业务板块也都非常成熟了，所以未来的发展空间比较有限。在这种情况下，崔明只能从"空降兵"夏海入手，一旦夏海的商业模式行得通，崔明就准备在给他配备人力、物力、财力的同时，将商业模式照搬过来，那时，崔明和夏海将成为两个最熟悉新商业模式的管理者，而崔明也就顺势掌握了新业务的主动权。

显然，这并不是夏海想要的结果。他已经当面拒绝了崔明的方案，但下一步该如何走呢？如何化被动为主动，顺利破局呢？当局者迷，旁观者清，刘大鹏作为局外人对整件事情看得更清楚，他不假思索地说："其实，崔明犯了一个职场大忌，他刚升到一把手位置，就把所有人权、财权都抓在自己手里，变相架空了事业部总经理，搁谁谁会乐意呢？这必将招致一片反对之声，而光应付这些反对之声就够他抓耳挠腮一阵了。我们也可以换位思考一下，他现在刚刚上任总裁职位，必须要对整个集团的业绩指标负责，内心的压力肯定是很大的，反映在行为上就是会时刻盯着财务数据。同时，对于自己非常熟悉的业务他会比较快地做出决策，而对那些自己不确定的新业务就会非常谨慎。所以，你现在的主要精力就放在新业务方案的完善上，做好商业计划书，它会很清晰地反映你的商业模式和财务数据。等你再和崔明沟通的时候，要重点阐述财务数据，说那些他最关心的问题，消除他的疑惑和顾虑。退一万步讲，这么大一块新业务，老板肯定要过问，等你向老板汇报的时候，要把你需要的资源和权责利都加到方案当中，如果老板认可了你的方案，也就解决了你资源配置受限的难题。"

听了刘大鹏的话，夏海连声说："对！"表示非常赞同。"老板要做新业务的决心我是感觉得到的，否则他没必要花那么大的代价聘请我来，眼下我先把方案顺利完成是首要大事！"

刘大鹏大口大口地喝了一杯绿茶，感觉到夏海的状态好起来了，他拍了拍夏海的肩膀，充满信任地说："你没问题！"另外，我也送你一句话——亚伯拉罕·林肯说过："我不太喜欢那个人。我必须去更好地了解他。"夏海感激地说道："我收下了，谢谢大哥！其实我是真心想和崔明达成共识，因为我们都需要一个市场认可的作品来证明自己。只要做成了这个作品，他是总裁，论功行赏都是他的，我肯定不会和他争。‘与上级不争功，与同级不争宠，与下级不争利’，这是我职场生存的基本原则，我只要一个能够代表我能力和业绩的作品就够了。接下来我会花一些精力和时间去了解崔明和其他同事，也让他们全方位地了解新业务的发展逻辑以及我对新业务发展的思考和心得，用更加开放的心态跟他们合作，只有更多的了解才能找到更有效、更畅通的交流方法。”

▲ 逆向管理思维对策七：宠辱不惊。

“空降兵”的境遇经常是九死一生，甚至九死都不一定有一生。但是既然选择了，就要义无反顾、无怨无悔地走下去。任何事物都有两面性，危机中蕴含着转机，困境中有可能深藏着不可多得的机会。“天下熙熙，皆为利来，天下攘攘，皆为利往”，政治源于利益冲突，人与人之间、派别之间产生纠纷无非是由于在资源的占有和分配上出现了问题，要冷静客观地正视公司政治，既不要消极逃避，也不要陷入斗争的漩涡，要未雨绸缪、审时度势、高屋建瓴地面对各种难题和冲突。《完美跳槽》第一章讨论是否跳槽的话题时提到过公司政治，有兴趣的朋友可以找来读一读。

乔布斯曾说过：“过程本身就是奖励。”要把过程中的每一步、每一个关键点都想到位、做到位，永葆好奇心、同理心和做人的良心。同时，要学会随机应变，变敌为友，变竞争为服务，变不利为有利。所谓的烂牌都是相对的，不同的环境、不同的境遇、不同的视角、不同的文化、不同的价值观看到的牌面都不一样。每个企业的老板都希望企业进入良性发展的轨道，作为“空降兵”职业经理人一定要认识到这个核心，才能更好地理解老板的各种决策部署。同时，企业的良性发展离不开天时、地利、人和，秉承“人和”的初心，老板会动态地、有分寸地平衡各方利益。

在 Amy 看来，管理的某些环节其实就是不断变幻牌面的过程。因为一直在做人力资源方面的工作，所以 Amy 看到了数以千计的高管“打牌”的喜与忧，在这跟读者分享十年为高管提供咨询服务以及与高管互动的心得。

作为高管，感觉拿到了一手烂牌和真的拿到了一手烂牌其实是两码事。当你感觉拿到一手烂牌的时候，要多方验证烂牌的真实性和可靠性，通过验证后如果真的是烂牌，你可以有以下三个选择：

第一个选择是“宁为玉碎，不为瓦全”。如果是在试用期之内，就果断找下家离开，或者自己独立门户创业，但也有可能下家的牌或者创业项目的牌更烂，让你为当初离开的决定感到后悔。而且这样做非常容易产生轻易放弃的惯性。此为下策。

第二个选择是拿到烂牌继续打，拼尽全力、忍辱负重打到最后一天再离开。这样的牌打得非常煎熬，效果也不一定理想。此为中策。

第三个选择是发现一手烂牌，不轻举妄动，找到自己的王牌很关键。自己的王牌是什么？能否用自己的王牌取代这手烂牌？自己的王牌是否是平台看重的王牌？取代的概率有多大？周期有多长？同时，还要创造快速重新洗牌的机会。

通常来讲，一个团队里的支持者和反对者都要是少数，保持中立的人要占大多数。规则的制定者多为老板，但是老板也会担心孤立局面的出现，因此洗牌过程中要尽可能地争取那些中立者的支持，要让中立者认知到他们是洗牌后的共同受益者。这一点要做到虽然很难，但是值得不断尝试。

还有一点很重要，就是抱团取暖。要相信手里有烂牌的不止你一家，那些和自己三观一致，且初心不变的人，都是在为平台良性发展工作的，都是可以团结起来成为同盟的。那些不断给他人设计烂牌的人多少都有一点独裁者或自私自利者的影子，他们最担心的就是寡助和众叛亲离的下场。所以，要相信团队的力量，拿到烂牌的团队成员们要有勇有谋地进行洗牌，并随机应变地打牌。此为上策。

是否继续打牌，如何打好手上的牌确实是一个难题，Amy 送给在职场上奋斗的管理者一份小礼物——《哈佛商业评论》里的一篇文章《学会做艰难决定》，里边的方法值得我们借鉴，在这里分享五个需要完整思考的问题：

○ 每种选择的结果是什么？（要求你全面分析可以采取的所有行动，以及每种选择在现实中的完整后果。必要时可以画个决策树。）

○ 我的核心责任是什么？（管理者要对股东和其他利益相关方负责，同时还有责任尊重和捍卫他人的生活、权利和尊严。特别强调在具体情境中，承担责任要依靠哲学家说的“道德想象力”来认识你的偏见和盲点，从关键利益相关方，尤其是利益较易受损者的角度考虑问题，这要求你踏出舒适区。）

○ 现实世界的行事规则是什么？（要求你从客观、实际的视角考虑问题，从现实而非理想出发认识世界。）

○ 我们是谁？（从人际关系、价值观和规范角度审视决策。）

○ 我最终能接受什么结果？（良好判断力有赖于两点：一是尽可能准确地理解和分析事态，二是决策者的价值观、目标、承受力和经验。）

最后，分享一段朱光潜先生关于人生的话——人生本来就是一种较广义的艺术。每个人的生命史就是他自己的作品。这种作品可以是艺术的，也可以不是艺术的，正犹如同是一种顽石，这个人能把它雕成一座伟大的雕像，而另一个人却不能使它“成器”，分别全在性分与修养。知道生活的人就是艺术家，他的生活就是艺术作品。

愿读者朋友们都能修炼自己的性分和修养，不断提高自己的硬实力和软实力，打造个人生命史的完美艺术品。